普通高等教育“十一五”省级规划教材
高等院校“十二五”美术学系列规划教材

中小学美术教学论

主　编：余　洋　马　晴
副主编：周小平　李　勇　王　泉

合肥工业大学出版社

总序 GENERAL PREFACE

自从有艺术教育，也就有艺术的教科书。教科书总结艺术教育和艺术创作的规律，指导艺术学生的专业训练，提高学生的审美水平，培养合格的艺术家。

艺术教育有知识与实践的区别，传统的艺术教育重在实践，即训练学生的艺术技能，相关的知识教育，如艺术史与艺术理论，也是服务于技能训练。在传统社会，艺术家的培养主要是师徒相传的作坊式训练，有成就的艺术家不仅掌握了高超的技术，而且还具有思想与文化的修养，创作出适应时代的作品。在那个时代，艺术家的修养可能有师傅的传授，也可能有自己的自学，但修养是一个艺术家的必要条件。艺术学院的教育不同于作坊就在于综合性的全面训练，修养的教育居于重要的地位。修养的教育包括两个方面：一个是专业理论，如美术史和美术理论；另一个是文化修养，主要是文学和哲学。在很长一段时间内，修养的教育还是依附于专业训练，比如美术史的教育，着重在艺术家的介绍与艺术作品的分析，美术史也是以画家和雕塑家为主的历史。事实上，美术史不只是职业艺术家的历史，美术史的对象是一切具有人的审美经验的人造物品，这个范围远远超出职业艺术家的活动。美术史的教育不只是怎样画好画，怎样学习前人的经验，而是全面地提高艺术的认识和文化的修养。

艺术家总是在特定的条件下进行创作，艺术作品也是在特定的条件下形成，不存在永恒的艺术价值，艺术的永恒性在于永不归复的社会性。这样来认识艺术，就不再把艺术看作技术的产物，而是在一定历史、文化、社会条件下的艺术生产。一个远古时代的陶器，可能是作为生活的用具，由于其形制和图案，也可能作为审美的对象，在一定的文化区域，图案也可能具有文字和符号的功能，反映了一定的生产方式和社会生活，等等。显然，要是这样进入艺术作品的内部，艺术作品就会向人类的生产和生活展开，艺术的问题就不是“我们怎样画一张画”，而是“我们为什么画这样一张画”。作为一门人文学科的美术史，既要求我们对艺术品进行审美的感受，也要求对作品进行科学的分析与考证；一件艺术作品的意义只有通过多学科的研究与分析才能显现出来。这样看来，艺术的教育，包括艺术的技法与史论，也要进入人文学科的领域，艺术的学习也要从工艺型转向知识型。

对艺术的认识是随着时代的发展而变化的，艺术的教育也会随着认识的变化而变化。艺术观念的扩充不仅反映在传统的艺术类型上，也反映在当代社会的发展中。在历史上，艺术有高级艺术与次要艺术之分，绘画、雕塑和建筑都是高级艺术，工艺美术和应用美术则是次要艺术。进入现代工业社会以后，情况发生很大变化，实用美术从后台走到前台，对人的社会生活发生越来越大的影响。如新艺术运动、包豪斯、风格主义和波普艺术等，不仅对现代艺术产生直接的影响，而且还从根本上改变了传统艺术的形态。设计艺术的目的不是作用于现代艺术，而是人的生活。历史上的高级艺术要求观众主动地欣赏，人们必须到沙龙、展览馆，或教堂、宫廷才能看到那些艺术作品，而中国的文人画更是在极少数人的范围内观赏。在现代社会，对公众生活而言，艺术的概念已远远超出高级与次要之分，艺术不再为少数人所拥有，而是通过大众文化向所有人展开。设计艺术不只是美化人们的生活，设计也是思想的表达，它与时代精神紧密相连，深刻反映社会生产力的发展水平，改变人的生活质量，提升人的审美趣味，弘扬传统文化，促进物质文明。与此相适应的是，在当今美术教育中，设计的比重越来越大，设计的系科越来越丰富，大到建筑、环艺，小到广告、包装，从传统的服饰、装潢到现代工业设计与计算机图像，从实践到课堂，从文化工业到消费领域，我们所称的“大美术”不仅成为当代视觉文化的主流，也日益成为艺术教育的主流。

传统艺术教育的新模式和新方法，现代艺术类型的扩充，都反映了艺术发展的基本要求，即新的视觉经验与科学技术的发展。在信息扩充、知识激增和高创造力的时代，艺术教育面临新的要求。艺术是一项创造性的工作，艺术教育也是创造性人才的培养，这一点在今天尤其重要，艺术学生不仅要掌握技能，丰富知识，更重要的是能够开拓创新。艺术创造财富，艺术促进生产与消费，艺术改造我们的生活，使生活更加美好。艺术追踪时代的步伐，推动社会的进步。在当今的艺术工作中，高科技的影响越来越大，机器复制的图像取代手工的制作，规模空前的视觉信息占据我们的视觉空间，信息技术不仅生产超量的图像，本身也成为艺术创造的手段，广泛作用于当代视觉文化。新媒体、综合材料、影视图像等新的艺术形式和语言正在进入我们的教科书，虽然这些新的艺术表现还在探索和实验之中，但它充分反映了艺术与时代的关系，反映了与时俱进的时代要求。

时代在发展，艺术也在发展，艺术教育也发展到前所未有的规模。艺术教育的发展使艺术教材面临新的任务和要求。新教材的编写需要一个新的起点与新的视点。传统的艺术门类需要现代的更新，以适应艺术功能和社会作用的重大变化。新的艺术门类需要实验和探索，及时总结实践的成功经验，有效地运用于课堂教学，为社会培养更多的新艺术的人才。

易 英

中央美术学院教授、博导

《美术研究》杂志社社长

《世界美术》主编

前言 PREFACE

《全日制义务教育美术课程标准》（下称新课标）实施 10 年后，高等师范美术教育以人才培养方案为引领进入新的发展阶段。

2010 年 7 月 29 日，《国家中长期教育改革和发展规划纲要(2010—2020)》(下称《纲要》) 颁布。《纲要》指出高等教育承担着培养专门人才、发展科学技术文化和促进社会主义现代化建设的重大任务。根据《纲要》精神，增强服务能力成为高校义不容辞的责任。2011 年 2 月 17 日，《安徽省中长期教育改革和发展规划纲要》出台，重申和强调高校要为地方经济社会发展服务，同时提出高校将分类发展、分类管理。这样，在 21 世纪的第二个 10 年伊始，高校纷纷重新论证各自办学定位和发展方向，研究修（制）定人才培养方案，开始了深层次改革。在这场改革中，各地方高校几乎不约而同地把“培养适应基础教育改革与发展需要的新型教师”作为师范专业人才培养的目标。至于何谓新型教师，各校有不同的具体描述，归纳起来可以分为两大类：一类叫“标准说”，即新型教师标准就是具有“新知识、新理念、新技能”；另一类叫“素质说”，即新型教师就是“人文精神好、艺术素养高、美术技能全”的教师。不难看出，这“两类说”似乎有些不新不旧，不论哪一类说写到 10 年前或 10 年后的人才培养方案里都没有错，甚至“很适合”。就是说新和旧不是时间的概念，旧不是过去的而是过时的；新是相对于旧而论的，新必须从课程中体现，新的内涵是不断变化的。因此，“新型教师”是一个动态的概念。

显然，要体现新，势必先要搞清楚旧在哪里。我国的师范教育是在近代新式学堂迅速发展的情况下萌芽的，换言之，师范美术教育诞生于普通美术教育之后，也可以理解为师范美术教育是应基础美术教育需要而产生和发展的。好像时间的趋后让师范美术教育一开始就有些被动似的，一直以来师范美术教育总是跟在基础美术教育后面，而且自 1904 年真正意义的学校美术教育开始以后，以培养美术家为己任的专业美术教育课程被大量复制到师范专业课程中，致使师范美术教育染上了“专业”的色彩，背离了办学初衷，偏离了办学方向，被动的现象变得更加严重。随着基础美术教育的发展，特别近十几年来，基础美术教育从最早的以实用美术为主的图画课程发展为涵盖“造型·表现、设计·应用、欣赏·评述、综合·探索”四个领域课程体系的具有人文性质的艺术课，固执于绘画技法教学的高等师范美术教育被甩得越来越远，几乎丧失了服务基础美术教育的功能，这一点从大学生面对课堂的迷惘目光中和拿到入编考试试卷的沮丧表情中得到充分验证。

深入高师教学实际，我们会发现高师美术教育脱离基础美术教育的情况确实很严重，课堂上很难听到关于中小学美术的话语，听到的大多是如何画好画的问题，没有人告诉学生为什么画画，画好画干什么；教材里极少看到涉及基础美术教育的内容，看到的大多是国画、油画等“纯艺术”，没有手绘线条、剪纸，甚至没有陶艺和版画。等到毕业实习时，学生突然觉得“学的东西没有用，用的东西没有学”，抱怨“大学四年什么也没学到”，有用途的美术教学论课程却又因为教材不符合基础美术教育实际和学生实际、担任教学论的教师积极性不高、学生学习态度不端正等原因没有学好。那么，改变这个局面的途径在哪里？就是深化高校的课程改革，使课程更加贴近基础美术教育。其中，加强中小学美术教学论课程教学是具有战略意义的举措。因为，其一，美术教学论链接着其他专业课程，它解释和解剖了这些专业课程所含的教育功能及其教学方法，并促进学生对专业课程的理解。其二，美术教学论紧密联系着基础美术教育，它介绍基础美术教育的基本内容、教学现状和教学方法，帮助学生掌握必备的教师职业技能。

加强中小学美术教学论课程教学的首要问题就是有一部适应本地基础美术教育和学生实际的教材。但是，从高师美术教材整体上看，《美术教学论》一直比较稀缺。就安徽省来说，有关部门和出版社先后编撰了几套高师美术教材，却唯独没有《中小学美术教学论》，该课程教学一直处在无米之炊或借米下锅的境况。本次由安徽省多所高校联合编写的《中小学美术教学论》弥补了这个空白，是我省高校美术教材建设的一次突破。从全国范围来看，目前也不过10余部美术教学论教材，不像《素描》、《国画》、《设计》等教材那样几乎每年都有新版问世。较早的美术教学论教材如1987年江苏美术出版社出版的蒋荪生著《中等学校美术教学法》，1993年岭南美术出版社出版的郭绍纲、范凯熹合著的《美术教育方法论》。但这两本书都存在过重介绍课堂教学方法的局限。1994年，教育科学出版社出版了王大根著的《学校美术教学目的论》，从书名就可以想见这也不是完全意义以上的美术教学论。20世纪90年代中后期，张小鹭编著的《现代美术教育理论与方法》（1996年）、蒋良编著的《美术教学的选择》（1998年）、王大根著的《美术教学论》（2000年）、常锐伦著的《美术学科教育学》先后出版，把美术教学论的理论体系建立了起来，同时推动了美术教学论在高师成为一门独立的学科。进入21世纪，伴随基础美术教育改革和发展脚步的加快，又有几部水平较高的教材出版，如胡知凡编著的《艺术课程与教学论》（2003年），杨建滨主编的《初中美术新课程教学论》（2003年），钱初熹著的《美术教学理论与方法》（2005年）、顾平著的《美术教学导论》（2006年），孙乃树、程明太编著的《新编美术教学论》（2006年），尹少淳编著的《美术教育学新编》（2009年）等。这些书的集中出版标志着教学论研究趋于成熟。其中尹少淳编著的《美术教育学新编》是既有理论又有实践，具有可读性和操作性，最有代表性。但这些书都有明显的“教学型”、“研究型”大学教材的价值取向，离普通高校实际尚有距离。

本书从美术教育历史的简要回顾开始，首先引导学生认识这门课程的学习价值，进而建立积极的学习态度。接着围绕中小学美术“是谁教”、“教谁”、“教什么”、“怎么教”、“为什么这么教”等一系列问题展开讨论和论述。最后，从培养研究型教师和学生入职后的专业化发展出发，对如何说课及怎样开展教学研究作了阐述。全书由11个部分组成，内容包括：绪论，美术教学的构成要素，美术课程与教学实施，美术教学设计，美术教学的原则与模式，美术教学方法，美术作业的评阅与课外活动的指导，美术教育实习，美术课程的评价，美术教师的说课教学案例等。

本书配备了教学课件以方便教师教学和学习者自学。实际教学中，本书可以一本多用，可用于中小学美术教学论、美术教育研究及论文写作方法、美术教育实习等三门课程教学。也可以用于中小学美术教师继续教育。使用本书时，要结合学生实际，给学生分配明确的学习任务，把本书作为资料指导学生进行研究性学习，始终坚持“用教材教”而不是“教教材”。

主　编

2015年7月

目录 / CONTENTS

绪论 ······ (001)

第一节　美术教学论的学科位置 ······ (002)
第二节　美术教育的本质 ······ (004)
第三节　中外美术教育简史 ······ (007)

第一章　美术教学的主体 ······ (015)

第一节　学校美术教育的对象——学生 ······ (016)
第二节　美术教学的组织者——教师 ······ (024)
第三节　美术教学中的师生关系 ······ (029)

第二章　美术课程与教学实施 ······ (032)

第一节　美术课程及其教学目标 ······ (033)
第二节　美术课程标准 ······ (036)
第三节　美术教材 ······ (039)
第四节　美术课程内容 ······ (042)

第三章　中小学美术教学原则与模式 ······ (049)

第一节　中小学美术教学原则 ······ (050)
第二节　中小学美术教学模式 ······ (054)

第四章　中小学美术教学法 ······ (063)

第一节　中小学美术常用教学方法 ······ (064)
第二节　现代教学方法发展趋势 ······ (068)
第三节　“造型·表现”课教学方法 ······ (070)
第四节　“设计·应用”课教学方法 ······ (073)
第五节　“欣赏·评述”课教学方法 ······ (075)
第六节　“综合·探索”课教学方法 ······ (077)

第五章　美术教学设计 ······ (079)

第一节　教学设计的基本理念 ······ (080)
第二节　学期和单元模块教学计划设计 ······ (084)
第三节　课时教学计划设计 ······ (088)

第六章　美术作业评阅及课外活动指导方法 ······ (101)

第一节　美术作业评阅方法 ······ (102)
第二节　美术作业陈列方法 ······ (104)
第三节　课外美术活动概说 ······ (105)

第四节　课外美术活动指导方法 …………… (107)

第七章　美术教育见习与实习 …………… (109)

第一节　美术教育见习 …………… (110)
第二节　美术教育实习 …………… (111)

第八章　美术课程评价 …………… (114)

第一节　美术课程评价的基本要求 …………… (115)
第二节　课堂教学评价的内容和方法 …………… (116)
第三节　学生评价 …………… (121)
第四节　教师评价 …………… (127)
第五节　教材评价 …………… (131)

第九章　美术教师的说课 …………… (136)

第一节　说课的内容和类型 …………… (137)
第二节　说课的基本要求 …………… (138)
第三节　说课稿的撰写 …………… (139)

第十章　中小学美术教育研究 …………… (142)

第一节　中小学美术教育研究的意义 …………… (143)
第二节　中小学美术教育研究的原则 …………… (144)
第三节　中小学美术教育研究的方法 …………… (145)
第四节　中小学美术教育研究的范围与步骤 …………… (150)
第五节　美术教育学术论文的撰写 …………… (156)

【附录】中小学美术教学案例 …………… (163)

参考文献 …………… (179)

后记 …………… (180)

绪 论

美术是人类文化的重要组成部分，它参与并记载了人类文明的进程；美术又是一种用视觉的方式进行思想和感情交流的特殊语言，在人们生活和经济社会中发挥越来越显著的作用。“美术教育是立足于‘美术’而开展的教育活动”。[①] 它维系着美术文化兴衰的历史，承担着文化传承的责任；它培养人的视觉感受力、想象力和创造力，是提高国民素质的重要手段，在素质教育中发挥着独特的作用。美术教育是一种复杂而特殊的培养人的活动，是一门科学，有一定的规律，也是一门技术，有一定技巧，更是一门艺术，需要创新。上好一节美术课是做好美术教育的最基本要求，然而上好一节美术课也并非一件容易的事。师范生只有通过对美术教育理论的系统学习，掌握美术教学基础理论、基本技能，并在思想上和心理上做好职前准备，才能承担起美术课堂教学的任务，肩负起美术教育的神圣职责。

近年来，随着教育科学的发展，特别是高等学校学科和课程建设的发展，美术教育在理论上取得了较大的突破。《美术教育学》、《美术课程论》、《美术教学论》等均已作为一门独立的课程逐渐成熟起来，成为普本美术学（师范）专业和美术教育专业的基础专业课。

本书是专门为普本美术学（师范）专业编写的，适用于普通高等师范学校美术教学，主要内容共十章，内容编排总体呈现三个层次。首先，介绍学生、教师等美术教学活动最基本的要素及其在教学中的关系，美术课程及其教学目标等，勾勒出美术课的基本形态，让学习者初步了解美术教学活动大体是怎么回事。其次，详细阐述教学原则、教学模式和教学方法等，让学习者知道怎样进行美术教学。紧接着介绍美术教学设计、美术教育实习和课外美术教学活动等，引领学习者体验和实践美术教学，逐渐具备一名合格中小学美术教师的基本条件。最后，介绍说课、中小学美术教学研究方法等，指导学习者向优秀美术教师的目标发展。

当然，任何课程的学习都应当首先搞清楚学习这门课程的意义何在，这样学习才有目标，才有动力。那么，下面就对美术教学论的基本概念，美术教育发展历史及其意义等作扼要阐述，使学习者确信学习这门课程是十分必要的，而美术教育工作更是一种光荣而有意义的职业。

第一节 | 美术教学论的学科位置

“美术教学论”是一门什么样的学科，怎样定位，不仅关系到美术教学论自身的学科发展，而且关系到学习者学习这门课程以后，美术教育教学知识体系构成的优化程度。

一、美术教学论的学科性质

学科位置是在与其他相关学科的比较中确立的。从“美术教学论”这个词组结构

---

① 顾平．美术教育学导论．南京：江苏美术出版社，2006：1.

上分析，应该先存在一个“教学论”的学科，那么，要界定美术教学论的学科位置，势必要先搞清教学论的学科位置。而回答教学论的学科定位，就要从教学论的学科性质入手。学术界关于教学论学科性质的认识一直处在争论之中，但主要观点不外乎两种：一种观点认为教学论是研究具体教学操作方法和技术的应用学科。持这种观点的大多是西方国家的教育家。另一种观点认为教学论是研究教学一般规律的学科，将教学论定为理论学科。持这种观点的大多是苏联和东欧国家的学者。我国学者近几年的研究成果表明，在教学论学科性质的认识上我们超越了上述非此即彼的两分法，即：既认同教学论的操作性，也肯定教学论的理论性，认为教学论既是一门理论的科学，又是一门应用科学，它既要研究教学的一般规律，也要研究这些规律在实际中的运用。①

“美术教学论”在“教学论”前加了一个定语，其学科基本性质和教学论没有本质不同，既不是纯思辨的理论学科，也不是完全“处方式”的应用学科。它探索的基本问题既包括美术教学这件事，又涉及如何提高教和学的合理性与有效性。由此，我们可以说美术教学论是研究美术课教和学的本质、规律以及教学的策略、方法和技术的科学②。

二、美术教学论的学科定位

在美术教育专业的课程中，一直开设美术教学法这门课。教学法是教育学的范畴，或称“学科教育学”，由于“学科教学论”作为一个独立的学科，或者说作为一个专业名称出现，只有 20 年左右的时间，很多学科在理论和内容上不是很充分和新颖，对教育学和“一般教学论”没有大的突破，但作为教学论的分支学科的这个位置基本被确定下来。它的上位学科是教学论、教育学，统属于社会学范畴。它的下位学科是教学法、教学设计、教学组织等。但更多时候我们把教学法、教学设计等看做是美术教学论的具体内容。本书正是持这样的观点进行编写的。所以，美术教学论也可称作美术教育学，是教育科学的一个独立分支学科，与教育学相互渗透，紧密联系。

《中小学美术教学论》是在跨学科的基础上对中小学美术教育进行整体研究的成果，具有理论上的综合性，实践上的可操作性的双重特点。作为普通高校美术学（师范）专业和美术教育专业的一门必修课，中小学美术教学论归属于专业基础课程，不仅能帮助学习者掌握从事中小学美术教学活动的基本技能，成为一名合格的大学毕业生，而且能帮助学习者奠定未来职业发展的基础，成为一位优秀的中小学美术教师。

三、中小学美术教学论的研究对象

明确研究对象，不仅有利于该学科建设与发展，而且有利于学习者把握这门课程

---

① 吴也显．教学论新编．北京：教育科学出版社，1991：14.

② 王大根．美术教学论．上海：华东师范大学出版社，2000：16.

的知识框架，建立明确的学习目标，提高学习效率。

一门学科有没有相对独立的研究对象关系到这门学科价值大小，甚至关系到这门学科能否独立存在。那么，美术教学论的研究对象是什么呢？概言之，美术教学的研究对象是美术教学的基本规律与具体方法。中小学美术教学论的研究对象就是中小学美术教学的基本规律与具体方法。具体地说，中小学美术教学论主要是研究中小学美术教育的由来，中小学美术教育的基本理论，中小学美术教育的师资，中小学美术课程与教学内容，中小学美术教学原则、模式，中小学美术教学设计，中小学美术教学方法，中小学美术教学评价和中小学美术教育的科学研究等。

教学涉及“教”和“学”两个方面，教学过程是师生共同活动的过程。中小学美术教学论就是研究在中小学美术教学中如何科学地、具体地解决为什么教、教什么、怎么教，为什么学、学什么、怎么学以及为什么这样教和为什么这样学等一系列理论和实践问题。

四、学习中小学美术教学论的意义

中小学美术教学论是美术学专业学生的一门必修课，是指导中小学美术教学实践和开展中小学美术教学研究的系统理论，也是合格美术教师必须具备的一方面知识。

开设中小学美术教学论课程，目的在于使学习者能够全面认识美术教育，学习并掌握美术教学的基本规律，以保证将来从事中小学美术教育教学时，能够胜任工作并取得良好的成绩，进而成为一名优秀教师。

通过对《中小学美术教学论》的学习，让学习者能够建立起本专业的理论、技能、能力等知识体系，为从事中小学美术教育工作打好全面的基础。同时，增强从事美术教育工作的情感和责任，增强创造性开展教学活动的兴趣和能力，增强为美术教育事业贡献自己力量的动力和自觉。

第二节 | 美术教育的本质

一、美术教育是传承人类文化的重要途径

美术是人类特有的社会实践活动，在人类文化形成和发展的历程中始终扮演着重要角色。可以说人类文化的最原始形态就是美术，它记载的人类历史比文字记载的早两三万年。人类栖息在广袤的地球上，因不同的气候和地域形成不同的人群。不同的人群创造了不同的语言和图像符号。在人类早期，人们传达信息、交流感情运用最多和最直观的方式就是图像符号。因此，在人类文化创造、发展与传承的过程中，美术发挥着无可替代的作用，并始终伴随着人类文化的发展而发展。

美术所承载的人类文化是一代一代艺术家们创造的，而艺术家的成长离不开教育。

从汉代的鸿都门学到唐代的翰林院，从两宋的画院到清末的学堂，都有传授美术知识和技能的活动。新中国成立以后，美术教育成为国民教育的重要组成部分。在美术发展过程中，美术教育由过去的父子相传，长幼相教的“师徒传带式”发展为今天的“班级授课式”。一代代艺术家就是通过这样的“美术教育”培养出来的，同时也通过这样的“美术教育”创造美术作品，传承着人类文化。所以，美术教育在美术文化的传承和艺术家的培养中承担着双重责任，发挥着双重作用，是传承人类文化的重要途径。

二、美术教育是素质教育的重要组成部分

素质教育是以培养创新精神和实践能力为重点，造就有理想、有道德、有纪律的德智体等全面发展的社会主义事业建设者和接班人。

素质教育可以理解为发展人的身心最基本品质的教育，它能使人的思想、文化和技能，以及体力、智力得到全面发展，并获得终身发展的基本能力。

素质教育的推行把美育摆到了教育应有的位置，使美育成为素质教育的重要方面。从知识体系上说，美育和美术教育均属于美的范畴，美术教育是美育的重要内容，是学校开展美育活动的主要途径。2001 年教育部颁布的《全日制义务教育美术课程标准(实验稿)》提出：美术教育一是陶冶学生的情操，提高审美能力；二是引导学生参与文化的传承和交流；三是发展学生的感知能力和形象思维能力；四是形成学生的创新精神和技术意识；五是促进学生的个性形成和全面发展。由此，我们不仅可以清楚地看到美术教育的独特功能，而且可以看出美术教育和素质教育在思想和理念上是一致的。

事实上，在美术教育史上，美术教育的目标一开始就和素质教育密切联系的，而且教育家和心理学家们也一直在探索与研究美术教育在人的全面发展中的作用。美国著名艺术心理学家鲁道夫·阿恩海姆将人的心灵分成“理智”与“直觉”两个方面，也就是说，人是通过感性和理性两种方式来认识世界的。哈佛大学心理学家霍华德·加德纳提出了多元智能理论，他把“视觉与空间关系的智力”列为人的九大智力之一，并排在第三的位置，仅位于“言语与语言智力”、“逻辑与数理智力”之后。不难发现这两个研究有一个共同成果，就是肯定了视觉在人的智力及智力发展中的作用，间接地证明美术教育在人的智力及智力发展中的作用。美术教育不仅通过对学生感官的训练，发展学生的感知能力和形象思维能力，发展直觉、想象、技巧和表达交流能力，发展动手和技术操作能力，即发展人的智力，而且在愉快的心境下，培养学生合作交往、持久耐心的习惯，发展人的意志品质，即发展人的“非智力”。

相关链接　多元智力

这是著名的美国发展心理学家霍华德·加德纳等提出的理论，他们在《零点计划》研究中把人的智力分为言语与语言智力、逻辑与数理智力、视觉与空间关系智力、音乐与节奏智力、身体与运动智力、人际交往智力、自然观察者智力、存在智力等 9 类。

美术教育能使人的生理、心理得到发展，爱美的习惯得以养成。兴趣得以持续，

评价美和创造美的能力得到提高，同时能让人的创新意识得到加强，创造能力得到提高，这些都是其他学科不可替代的。它在人的素质发展中发挥着重要而独特的作用。

三、美术教育为人的发展培育健全心智

从思维的一般顺序上看，人类的思维活动是从感知开始的。人们每天都在通过观看、倾听、触摸和品尝感知这个世界。感知的不断丰富和积累给想象作了准备，提供了条件。科学研究早已表明，人和世界接触得到信息最多的途径是眼睛，可以说人的视知觉是人认识与把握世界、表达思想、交流感情的主要途径和方式，视知觉能力是影响人发展的重要因素。美术教育就是要教给人观察与把握客观对象的形、色和空间关系的科学方法，培养和训练人的感觉，锻炼和提高人的知觉能力、感受能力，并通过美术创作活动，在实践中培养想象力和创造思维能力。所以，从感觉到知觉，从知觉到想象再到创造想象，人的创造力形成的各个阶段都与美术创造活动有关联。如美术教育中的写生教学、欣赏教学和创作教学等对培养人的想象力、创造力、自我表现力综合发挥着重要作用。

从美术的功能上看，它是一种用视觉的方式进行思想和感情交流的特殊的语言，美术活动是人类发展早期普遍存在的活动，也是一个人早期活动之一。几乎每个人在儿童时代都有过美术体验，自觉不自觉地画过画。但随着年龄增长，人们却疏远了美术，更习惯于用概念、判断、推理的理性思维方式认识世界，往往丢掉了通过用视觉感受到的经验去理解事物的天赋，眼睛的功能削弱甚至退化为纯粹的度量和辨别物象的工具。这实际上造成人的感知觉功能的衰退，阻碍了形象思维能力的发展，阻碍了人的发展。美术教育不仅能保持和发展儿童视觉感受与认识世界的天赋，而且能唤醒成年人的知觉，让人们积极地用视觉去体验世界，发展和培育健全的心智。

从人的自我需要上看，每个人的内心都有“自我实现”的追求，它是人的自由创造的原动力。我们知道，儿童实现自由创造的主要方法就是艺术活动。显然，这种“自我实现”的追求在人的儿童时代最容易实现的。然而，随着儿童年龄的增长，家长和社会要求越来越“规范化”，人们的自由创造欲望受到限制越来越多，自我实现的愿望越来越难以得到满足。这时，美术教育就能帮助他们解决这样的困难，因为美术教育始终强调个性化和鼓励创新的特点，不仅满足了儿童自我表现的心理，而且也迎合了青少年健康成长的心理需要，是青少年健康成长的“心灵鸡汤”。

四、中小学美术教育的目的

中小学美术教育肩负着承载和传承人类文化的功能，但更主要的目的是体现在促进学生智力发展、美术素养提升和人格完善等方面。概括起来说，中小学美术教育要实现以下目的：

1. 帮助学生了解自我，认识自我，建立自信心。
2. 增进学生认识身边环境的意识，发展视觉能力。
3. 帮助学生初步了解国内外美术文化概况。

4. 促使学生协调眼、手、脑功能，培养学生美感经验。
5. 引导学生适当地抒发情感。
6. 启发学生的想象力和创造力。
7. 提升学生的美术鉴赏能力。
8. 引导学生体验和认识美术创造的方法。
9. 陶冶学生的性情，培养良好的学习和生活习惯。
10. 引导学生学会合作和交往，培养良好的道德行为。
11. 培养学生健全的人格。

第三节 | 中外美术教育简史

一、我国美术教育的起始与发展

我国美术教育经历了古代师徒授艺、古代画院式教育、近代学堂教育、20 世纪后半叶的应试教育的过程。概括起来可以分为三个阶段。

（一）古代美术教育

人类最早的美术教育是和劳动紧密结合在一起的。如传授制作生产工具，在生产工具制作中包含造型因素，因为传授生产工具制作方法、技巧，也包含传授造型技艺，只不过两者在劳动中模糊地交织在一起的。

原始社会末期，生产力发展，产品出现了剩余，一部分人从物质劳动中脱离出来，从事精神性产品的制作，这些精神性产品主要是美术作品。于是，美术技能的传授和以此为基础的美术教育的出现成为可能，目前没有确切的考证。而美术教育真正形成是在奴隶社会。公元前 11 世纪至前 771 年，我国奴隶社会进入鼎盛时期，文化教育也有极大发展，西周形成了奴隶制的官学体系，其教学内容是以礼乐为中心的“六艺”，虽然不能肯定“六艺”中一定含有美术，但足见彼时重视艺术教育的思想倾向。周代宫廷还出现了专业画工，画工们在绘画过程中互相切磋技艺，先学者教后学者，年长的带年幼的，形成了美术教育原始形态：“父子相传”、“长幼相教”，美术教育是在个体间进行的。春秋战国出现了“百家争鸣”的局面，思想的空前活跃对美术教育起到了促进作用，特别是孔子的“艺术与道德是相辅相成”的思想，在某种意义上阐明了美术教育在文化传承中的作用和地位。孔子成为我国历史上最早提倡美育的教育家。

汉代，汉武帝开始，逐渐形成了一套学校制度，并办起了学习文学艺术的专门机构——鸿都门学。鸿都门学被认为是我国最早的专科美术大学。但那时，美术教育仍然是以师徒授艺的方式进行的，即通过师傅个人艺术创作示范和经验传授，使徒弟逐渐了解和掌握美术创作基本技能。唐代，随着生产力的发展，美术学科技巧逐步完善，诞生了更高层次、更大规模、更加专业化的美术教育机构——画院，但古代画院是为宫廷贵族服务的，教学思想、教学内容、教学方法都受到严格的控制和约束，与现代画院大不相同。到了五代，西蜀建立了翰林图画院，这是我国最早出现的“皇家画院”，画师们集中在里面主要从事佛像雕刻和壁画绘制，目的主要是满足统治阶级的艺术需要。虽然“画院”和“翰林院”都有很大的局限性，但到了“翰林院”，我国美术教育从“个体化教学”发展到“组织化教学”。

宋代是我国古代艺术发展的一个高峰期，以传授绘画技艺为主要内容的美术教育受到空前重视。北宋时期，翰林图画院形成了一种完整的制度。入翰林图画院的画师需要经过严格的考试，这在一定程度上提升了画师地位，促进了我国古代美术教育发展。宋徽宗时又设立了“画学”，“美术教学”进一步规范和严格起来，加快了我国古代美术教育发展步伐，把我国古代美术教育推到了高峰。

元代，由于战争不断，画院不复存在，画师们身处乱世，除从师学画外，主要靠自学和相互切磋，聊以抒发内心感受，创作内容也没有宋代丰富，山水画代替了人物画。明代情况虽然好一些，宫廷又设立了美术机构，但其水平与唐宋已不可同日而语。明代美术教育唯一的发展是意大利人利玛窦把圣像画传入我国，使西洋画开始在我国传播，这对我国美术教育方式方法产生了有益的影响。所以，元明两代美术教育没有什么发展。清代沿袭了明代的体制，但同时较多地借鉴了西方的一些教学法则，逐步形成我国近代美术教育。

（二）近代美术教育

鸦片战争给中华民族带来深重灾难的同时，也让国人看到了西方科学文化的先进，痛切地感到一个民族的强大，必须有强大的科学文化支撑。一批仁人志士掀起了教育救国的热潮，疾呼改革旧教育，提倡“新学”。以 1862 年，总理衙门在北京设立京师同文馆为标志，自强求富的洋务派兴办“西学”，创办新式学堂、书院，并在部分学堂开设了绘画课，开启了我国近代美术教育的历史。新式学堂的迅速发展催生了我国师范美术教育的萌芽，如南京西江优级师范学堂就设有美术系科。当然，当时的绘画与古代绘画以及现代美术课都不相同，实际上多是“几何作图”，带有鲜明的“富国强兵”的实用性。尽管清末的美术教育带有实用的功利性，但使美术教育从古代封建教育的模式中脱离出来，是我国古代美术教育向现代美术教育过渡的桥梁。

教育史界普遍认为，我国真正意义上的学校美术教育始于 1904 年，以清政府颁布《奏定学堂章程》为标志。《奏定学堂章程》第一次肯定了图画和手工在学校教育中的地位，并明确图画教育目的是“养成见物留心，记其实象”能力和“养成好勤耐劳”习惯。1912 年至 1949 年间，一些受西方近代文化思想影响的学者、画家看到了实用功利主义美术教育的弊端，积极提倡美育和兴办美术学校。蔡元培提出了“以美育代宗教”，美育与科学并重的思想，认为美育和科学是“养成国民实力的两大工具”。在这种思想的影响下中小学美术课不仅注重技巧训练，而且还加强了审美教育。以美术教育为特色的学校不断涌现，如徐悲鸿、刘海粟、林风眠分别在北京、上海、杭州创办美术专科学校。此外，民国初期，如陈抱一等欧美、日本留学回国人士，还创办了美术社团和艺术讲习所。这些都对我国现代美术教育起到了重要的推动作用，使中小学美术教育取得长足进步，美术课时甚至比现在还多。

不可忽视的是，同时期的中央苏区和解放区学校也开设了美术课，并且具有自己的鲜明特点，那就是美术与革命与生产劳动相结合，为人民大众服务。这种理念对我国现代美术教育的发展产生了深远影响，直至今天仍然有现实意义。

但很明显，我国学校美术教育初始是以专业化为主的，教育的目的主要是培养艺术家。这种专业美术教育思想对中小学美术教育产生了一定的不利影响，这种不利影响甚至到现在还没有完全消除，可以说是近代美术教育的最大病诟。

相关链接　专业美术教育与基础美术教育的关系

专业美术教育是培养专门人才，即以培养美术家、美术教师、工艺美术设计人才等为目标的教育，或称“点”的教育。基础美术教育是培养全体国民美术基础知识、技能的教育，或称“面”的教育。“点”的教育有力地带动和促进“面”的发展，并长久地为“面”的教育注入“营养”，而“面”的教育则不断地为“点”提供和输送美术人才。美术教育中的“点”和“面”是一个有机整体。

（三）现代美术教育

新中国成立以后，我国美术教育事业蒸蒸日上，创办了多所正规的美术学校，培养了许多优秀的艺术家和美术人才，但也经历了一些曲折。现代美术教育可以划分为四个阶段，即 1949 年到 20 世纪 60 年代初，“文革”至 20 世纪 70 年代末，20 世纪 80 年代至 20 世纪末，21 世纪。

1950 年，中央政府印发了《小学美术课暂行标准初稿》，鼓励各地制定切合实际的美术教学计划。1952 年又公布《中小学暂行草案》，提出中小学应实施德育、智育、体育、美育全面发展的教育。1953 年，丰子恺翻译了苏联孔达赫强著的《中小学美术教学法》，对全国学校美术教育产生了非常积极的影响，激发了广大美术教师的教学热情。1956 年，受苏联美术教育影响，中央教育部将“美术”改称“图画”，并颁布了《小学图画教学大纲（草案）》，《初级中学图画教学大纲（草案）》，《师范学校图画教学大纲（草案）》。教学目的主要是教给学生绘画的基本知识和技能技巧，能正确、真实地描绘物体的形象、颜色和空间位置；使学生认识并练习表现自然界和现实生活中的美好事物；培养共产主义的道德品质，发展审美能力等，不仅使中小学美术教育得到了迅速发展，而且促进了全国高等师范院校美术教育的大发展，各地师范院校普遍创建美术等科，其他高校也将图画列为必修课和选修课。从 1949 年到 1960 年代初，我国中小学和师范的美术教育走上了良性发展的轨道。

相关链接　美术课与图画课的差异

让孩子从儿童时代就接触材料，接触工具，会动手做出简单的器物，涉及各种美术媒材和各种美术手段的教学的课程为美术课；以传授绘画技能为主要教学目标的美术课被称为图画课。相比较而言，图画课的内容偏重于绘画教学，而美术课的内容则宽泛得多。

1966 年，“文化大革命”开始，美术被认为是资产阶级东西，一度遭到排斥，中小学美术甚至停课。1977 年，高考制度得到恢复，美术课重回中小学课堂，但由于美术教育的内伤过重，如师资匮乏、教材奇缺等，直到 20 世纪 70 年代末，美术教育收获甚微。

1979 年，国家教育部颁布了新中国成立后第二个具有深远历史意义的教学大纲：《全日制十年制学校中小学美术教学大纲（试行草案）》。改“图画”为“美术”，把基础美术教学课业分为绘画、工艺、欣赏三类。美术教育开始从以前重视技能向重视审美的转变。1985 年，国家教委起草了《九年制义务教育全日制初中、小学美术教学大纲》。1988 年 11 月，国家教委印发了《义务教育全日制小学、初级中学教学大纲（初审稿）》，后经过反复修改，于 1992 年正式颁布。这是新中国成立以来的第三个美术教学大纲，规定小学美术教育的目的任务是：通过美术教学，向学生传授浅显的美术基础知识和简单的造型技能；培养学生健康的审美情趣、爱国主义情感、良好的品德和意志；培养学生的观察能力、形象记忆能力、想象能力和创造能力。规定中学美术教育的目的任务是：通过美术教学，向学生传授美术基础知识和基本技能；提高学生审美能力，增强爱国主义精神，陶冶高尚的情操，培育良好的品德和意志；提高学生的观察能力、形象记忆能力、想象能力和创造能力。

但是，在应试教育的背景下，美术教育实际并未能真正摆到基础教育应有的位置上，教学目的未能全面实现，少数地方美术课要么被专业化，成为美术中、高考的培训课，要么被边缘化，成为语数外的补习课。

应试教育是指脱离社会发展和人的实际需要，以应付考试和为高一级学校输送新人为目的的一种传统教育模式。

1999 年 6 月，党中央国务院召开了第三次全国教育工作会议，作出“深化教育改革，全面推进素质教育”的决定，为我国的教育事业指明了发展方向，也对美术教育作了科学定位，指出美术教育作为素质教育的重要组成部分，不仅肩负培养学生审美意识与审美能力，提高表现能力的责任，在促进素质教育实施等方面也要发挥着独特的作用。规定美术课程应强调美术学习内容之间、美术与其他学科之间、美术与社会之间的联系。美术教育开始由应试教育向素质教育转变。

2001 年，教育部颁发了《全日制义务教育美术课程标准（实验稿）》（以下简称《美术课程标准》），标志着我国美术教育进入了新的历史阶段，《美术课程标准》对美术课程的性质作出新的界定：“美术课程具有人文性质，是学校进行美育的主要途径，是九年义务教育阶段全体学生必修的艺术课程，在实施素质教育过程中有不可替代的作用。”为学校美术教育进一步明确了任务和方向。

综观我国近百年美术教育发展历史，基本可以看出，中小学美术教育经历了“从技能教育到素质教育”的转变过程。清末学校美术教育主要是教会学生“实用技能”。民国和解放初期学校美术教育在注重适用的基础上强调审美教育。“文化大革命”期间美术则被当作为政治服务的工具之一（偏向实用技能训练）。其后，经过 20 余年“技能”和“审美”之辩，美术教育完成了技能教育向审美教育的真正转型。进入 21 世纪，中小学美术教育作为人文科学，被列为素质教育的一部分，并在素质教育中发挥重要作用，进入到崭新的历史发展阶段。

在这个转变过程中，中小学美术在课程名称上也是不断变化的，1904 年的《奏定学堂章程》称美术为图画，到 1923 年《新学制课程标准纲要》改称为形象艺术。1930 至 1940 年经图画、美术的几次反复变更后，1956 年又称为图画。1979 年最终正名为美术。名称的变化实际上反映的是不同时期美术课性质、任务、教学内容的定位，折射出教育理念与思想的不同。

二、国外美术教育理论与实践

国外学校美术教育最早出现在英国。18 世纪开始，英国就建立了一系列美术学院。1837 年，英国建立了第一所由政府投资的设计学校，以装饰艺术为主要教学内容。1851 年，英国首都伦敦举办万国博览会，展示工业革命以来的新成就，由于产品造型、色彩和包装等落后、不新颖，造成销售不理想，引起英国政府极大震动。于是，在海奈斯·利希德的启发下，1860 年，英国决定把图画列入学校的必修课，开启了西方美术教育改良序幕。改良运动贯彻重视材料、重视用途、重视机构、重视用具的原则，认为某种意义上艺术不再是生活的奢侈品，而应该融入人们日常生活中。随后，德国、法国、俄国等都纷纷效仿，在普通学校开设了美术课。美国和日本也接受英国做法，开始了自己的学校美术教育。可以看出，以英国为代表的国外近代学校美术教育是伴随着实用主义目的诞生的，教学内容主要是与包装以及早期工业造型直接相关的单独纹样、连续纹样等，比较单一，教学方法也很简单，主要是临摹。

19 世纪中叶，达尔文《物种起源》、《一个婴儿的传略》相继发表，给美术教育重要启示，人们开始重视儿童绘画的心理研究，促进了美术教育的发展。

20 世纪，随着教育的普及，各国美术教育得到迅速发展，1901 年，德国举行了第一届美术教育大会，教育家朗格军提出：图画不仅应当欣赏文艺复兴时期的作品，还应当接触具有生命力的当代艺术品。1903 年，奥地利教育家齐泽克通过教学实验，提出给儿童创作自由，反对临摹，让儿童随意表现自我的主张。齐泽克在教学中只是出画题，不做示范，也不干涉儿童的创作过程。他在长期的实验和观察中发现，儿童绘画不是画看到的实物，而是画心里的世界，描绘自己印象的景象、记忆中的实物、想象中的形象，实际上是通过绘画来表现他们自己。

相关链接　德国包豪斯

包豪斯是德语 Bauhaus 的译音，是 20 世纪初期德国一所重要的艺术学校，起源于 1919 年由格罗皮乌斯改组魏玛的两所艺术学校组建而成。20 世纪 20 年代以包豪斯为基地，形成了现代建筑中的一个重要学派。为首的格罗皮乌斯从建筑上顺应现代工业社会的观点，提出建筑家、艺术家和画家要“面向工艺”的口号，以及一套重视建筑功能、技术和经济的现代派建筑观点、创作方法和教学方法。

20 世纪 20 年代，德国建立了一座新型美术学院——包豪斯，形成了现代建筑的一个重要学派。该学院提出艺术家和画家要“面向工艺”的口号，推出了一套重视建筑功能、技术和经济的现代派建筑特点的创作方法和教学方法。这种思想对美术教育产生了深远的影响，开创了工业设计教学的新纪元，也使德国成为 20 世纪初西方美术教育的领军者。在这种思想的影响下，德、法等国中小学美术课堂增加了设计和工艺制作的内容，美术教育的内涵和外延得到了丰富和完善。

第二次世界大战以后，各国学校美术教育进入了新的发展时期，西方各主要国家借鉴和吸收儿童生理学和儿童心理学研究成果，相继开展了美术教育的理论研究和实践探索，人们普遍认识到美术教育必须符合儿童生理和心理的发展规律。美国成为这方面研究的中心，一定程度上替代了德国、英国的位置，成为世界美术教育发展的先进代表。理论研究成果丰硕。

美国教育家杜威以提倡“儿童中心论”而闻名于世。他认为美术是启发学生想象力并提供他们非语言交流的工具，把美术教育作为广阔的社会问题加以研究。他认为人的美术能力不是只有通过学习才能获得，在遇到合适的环境时，也会像鲜花一样绽开。他主张尊重儿童的个性、积极性和创造性，提高了儿童在学习中的地位。在他的影响下，培养儿童创造性的问题受到了重视。这种特别强调儿童在教学活动中的主体地位，强调通过美术教育发展儿童的心智和创造力，追求美术教育外在价值的思想，史称“进步主义教育思想”。拥有这种教育思想的还有另外两位代表人物：美国美术教育家罗恩菲尔德和英国美术教育家 H. 里德。

罗恩菲尔德在他的名著《创造与心智的成长》一书中，系统地阐述了美术教育与创造性的关系。他认为，人类与动物的主要区别之一就是人类能够创造而动物不能，创造是人类所具有的本能，指出美术教育的主要任务就是培养儿童的创造性，主张教学要建立在学生兴趣和自然本性基础上。

杜威的“儿童心论”和罗恩菲尔德的“创造论”一并被称为“工具主义”美术教育。其主要思想是强调教师应成为学生美术活动的组织者和材料的提供者，不应对学生加以干涉，而应顺应学生，任其自由发展，并由此树立他们自我表现的信心。这种带有自由浪漫色彩的教育思想一时间在世界各地，尤其是美国产生了很大影响，但随着时间的推移，其排斥科学的弊端也日渐显现。1957 年，苏联成功地发射了世界上第一颗人造地球卫星，极大地触动了美国人的神经。美国人开始反思科技落后的原因，意识到对儿童的故意放纵，影响了他们对科学知识的学习，于是开始批判“儿童中心论”和“工具主义”教育思想，将中小学教育重点转向科学领域。1958 年，美国国会通过《国防教育法》，在这部法律中确立了以科学为中心的教育思想。

1965 年，宾西法利亚大学召开了美术教育研究和课程发展的国际研讨会，重申美术成为学校教学学科的重要性，美术逐渐向学科方向转化。俄亥俄州立大学教授巴肯在《艺术教育的转折期》一文中强调，作为学科化的美术教学，必须包括画室教学、美术史和美术批评，三者缺一不可。美术教育要使学生具有艺术判断力。随后，出现了赞成美术教育多样性和广泛性的所谓“后概念主义”。

20 世纪 70 年代后期，美术教育家艾斯纳提出建立一个既符合一般教学的学科，又符合美术学科本身特点的知识体系。他在著名的《儿童的知觉与视觉的发展》一书中提出，美术学习领域应由创作、评论和历史三个方面构成。1984 年，教育家多思·格列尔将巴肯和艾斯纳的观点总结为“以学科为基础的美术教育”（简称 DBAE)，也称“学科中心论”，后改为“全面综合性美术教育”。这种强调美术的内在价值的教育，被称为“本质主义”的美术教育。

“本质主义”有别于“工具主义”美术教育，即“学科中心论”有别于“儿童中心论”美术教育。两者的区别集中表现在两个方面：一是，“儿童中心论”强调在自由创造中获得能力，“学科中心论”强调通过学习获得能力。二是，“本质主义”美术教育提出美术学习领域有四个，即美术创作、美术史、美术批评和美学，认为美术能力不是自然成长的结果而是学习的结果。四个领域的教学目标非常明确：美术创作，如素描、折纸等，是培养儿童创造性与技能、熟悉材料和操作程序的；美术史是探讨美术发展的历史、作品的风格、起源等，让儿童了解美术史上主要作品及流派、代表美术家、文化背景及历史背景的；美术评论是教育学生学会一件作品的创作方法和程序的；美学是美术作品的本质，是提高儿童审美素养的。“工具主义”美术教育的学习内容则不够明确和系统，涉及的知识面相对较窄，带有显著的自由浪漫色彩。

“DBAE”思想的出现，带来了学校美术教育的巨大变化。首先，从幼儿园到小学、中学，再到大学，美术教学内容更加有序，形成了较完整的体系。其次，从教室到博物馆、校园乃至社区都成为学习美术的场所，教学时空大大延伸。第三，从讨论欣赏作品到创作美术作品、撰写评论文章都被视为一种学习，学习的领域大大拓展。“DBAE”阐明了学生美术能力的概念，并不断吸取教育、艺术和美学等研究新成果，创造了世界美术教育的新理念。

通过以上对国外美术教育历史发展的简单梳理可以看出，英国、德国、美国是对世界学校美术教育产生重要影响的国家。当然，世界美术教育是多元的，各国各地区的美术教育都带有自己本土特色，难以用先进和落后来评价或区分。如日本美术教育受儿童中心论影响较大，但同时强调造型能力的培养，此外还注重引导学生参加民间的节日活动等，对学生进行民族文化熏陶，成效很好。所以，总体上看，国外美术教育是随着社会的发展，特别是科学的进步而不断发展的。

三、未来学校美术教育发展趋势

以信息和电子技术广泛运用为重要特征的 21 世纪，是一个科学技术和经济社会不断发展、知识更新速度加快、计算机与互联网进入日常生活的时代，人们甚至越来越无法遇见未来将会发生什么，越来越可能不断转换工作岗位，所以，终身学习成为每个人必须面临的一项非常现实的任务，获得终生学习的能力也便成为每一位想创造未来美好生活的人的必备素质。美术教育是为未来培养人才的事业，肩负着教给人生存的知识与能力的责任，肩负着为人的发展服务的责任。因此，美术教育必须具有超前意识，要对世界美术教育发展趋势有所洞察，才能始终保证能够肩负得起“在人的发展中发挥应有作用”的这份责任。

21 世纪的学校美术教育在“全球化”大背景下，受后现代主义的影响，强调美术与日常生活的关系，强调通过美术教育使学生获得终身有益的美术能力，强调教育学生用多种手段、多种材料包括声、光、电等进行美术创作；受多元化教育的影响，学校美术教育肩负着帮助人们在日常交往中了解和理解不同民族、不同国家文化的任务；受“DBAE”等理论影响，学校美术教育以学科为基础，既坚持以美术学科知识体系进行教学，又保证学生在教学中的主体地位；受计算机与互联网的影响，学校美术教育教学方式和手段会不断发生变化，并更加便捷有效。

根据世界主要国家和地区 20 世纪 90 年代以后制定的艺术（美术）课程标准，我们可以将世界美术教育未来发展概括为五大特点：

1. 美术学科的学习领域不断拓展。

2. 美术教育与生产生活的关系更加紧密，并在经济、文化、社会发展中发挥更大作用。

3. 美术教育走向国际化的同时，更加重视地域化和民族化。

4. 美术教育的手段实现高智能和数字化，教育途经更加广泛。

5. 美术教育在个人素质发展和国民整体素质的提升中将发挥更大的作用。

思考与练习

1. 通过对美术教育本质的理解，谈谈美术教育的意义。

2. 简述我国近代美术教育和现代美术教育的区别与联系。

3. 国外美术教育对我国当下美术教育有哪些启示。

第一章 | 美术教学的主体

教学活动中存在着既独立又有联系的三大要素，即人员、信息和物质三个要素。学生、教师、课程以及教学物质资源与技术是构成美术教学的基本要素，其中，教师是教学活动的组织者和实施者，学生是受教育者，两者共同构成美术教学系统的一对主体，并在教学活动中分别起着主导和主体的作用，没有这对主体，教学活动就不能进行。信息和物质资源要素，各学科的共性很强，教育学课程阐述很详细，这里重点说说学生和教师这两个教学要素。

第一节 学校美术教育的对象——学生

学生是教育活动的第一要素和主体，教育的根本目的就在于通过教育使学生的知识、能力与身心水平不断获得提升。为实现这一目的，我们设定相应的课程，并通过对课程的教学使学生获取经验与知识，从而实现这一提升。课程设置既需要对学科知识的研究，更应对教学对象进行研究。也就是说，课程内容选择的前提就是学生的需要，课程组织的逻辑顺序应与学生的身体和心理发展规律相一致，为此，必须对学生进行全方位研究，诸如学生现有知识水平、学习能力、未来的趋向、学习需求等等。对于基础美术教育来说，尤其应侧重于学生美术学习心理的研究，充分了解学生的心理形式以及这一形式在不同年龄阶段的发展规律与特点，与美术学习的关系，从而为课程设置、内容的选择、教学的组织等提供良好的基础。

心理学研究成果表明，人的心理形式包括两方面内容，即心理过程和个性心理。心理过程是处于不断发展变化的状态，并有一定时间延续性的心理活动；个性心理则是人们在认识情感、意志活动中经常表现出来的带倾向性的、本质的、稳定的心理特征的总和。其中心理过程又可分为认识过程、情感过程和意志过程。认识过程是确定人脑对客观事物现象和本质的反映过程；情感过程是人脑对事物所持的态度、体验及相应的行为反映；意志过程是确定目标、克服困难、力图实现目标的心理过程。个性心理可分为个性倾向和个性心理特征。个性倾向性是指人进行活动的系统，它包括需要、动机、兴趣、信念；而个性心理特征是指稳定的、经常出现的心理活动，它反映为能力、气质、性格。

对学生心理的研究应侧重两个角度：一是学生心理的横向展开，二是学生心理的纵向发展。因为学生心理的横向展开涉及课程内容的水平组织，而学生心理的纵向发展又与课程内容的垂直分布密切相关。所以，为使课程内容组织更趋科学合理，必须从这两个角度深入细致地加以研究。

学生心理的横向展开体现在学习活动之中，学生通过对课程的学习，获取经验和知识，同时发展容纳经验和知识的心理结构。为此，从这个角度的研究可将学生心理划分为两个领域，作为我们着重探讨的对象，即认知过程和个性心理特征，在这两个领域努力以科学的方法把握其发展、变化的特征，并将这一特征与美术教育相关联。

一、学生心理发展的规律与特点

人的发展通常是指个体从胚胎发育、出生、成熟、衰老直至死亡的整个生命过程，及其所发生的一系列生理与心理变化。当然，并不是所有的变化都可以称为发展，只有那些有顺序的、不可逆的，并能保持相当长时间的变化才属于发展。而且，发展通常是向好的方向的变化，并产生更有适应性、更有组织、更有效率、更为复杂和更高水平的行为。

学生的发展包括生理发展、人格发展、个体与他人关系的社会性发展以及认识的发展等内容。这些发展的内容实际上包含着两个不同的方面：一是指个体的生长和成熟，受生理支配，是遗传带来的变化，随时间的进展自然发生；二是个体与环境相互作用而产生的变化。

（一）遗传环境对学生心理发展的影响

遗传是人心理发展的生物前提。生物学研究表明：亲代的生物特性通过生殖细胞中的基因传递给后代，使它们得以再现出来。人们的各种生理素质，除了受胎内环境和母亲怀孕时的营养等的一些影响，都是通过遗传从上代继承下来的。但生理素质本身并不是心理，心理是在外界环境作用于人的神经系统才得以发生的。

首先应肯定遗传因素的作用与影响。但是，这一作用又不是恒定不变的，因为它只能提供学生发展的自然或生物前提，不能决定学生心理的发展，人的知识、才能、思想、品质等心理因素受后天环境的影响更大。如果所谓的“精英”的亲属不能受到好的生长环境影响，尤其是接受好的教育，那么他们具有的优良遗传因素也会因此而不能发挥作用。美国行为主义心理学家华生曾声称，给他任何一批健全的儿童和一个用他设计的环境，就可以把他们培养成为任何一种类型的专家。这虽为夸大之辞，是“环境机械决定论”，其中包含的“人的心理发展过程中环境因素比遗传因素影响更为重要”的观点是正确的。

环境主要指由一定社会的生产分工所决定的生活条件，广义的环境包括教育，但教育是一种有目的、有系统、有计划地对个体施加影响的特殊环境，它跟生活条件是有区别的。

环境是人生活于其中，又受其影响的一切条件，如果说遗传是心理发展的可能性因素，那么，环境则是人心理发展的必然因素。人来到这个世界，便与周围环境发生着紧密的联系，对知识的获取，生存经验的积累，以及行为习惯和世界观的形成，可以说都是环境的给予。我们虽然不赞同华生的环境机械决定论，但确实不能低估环境的价值与意义，尤其是环境因素中所包含的教育。

人们在开始普遍关注遗传与环境对人心理发展影响的同时，开始努力发掘存在于二者之间的相互作用、相互依赖的关系，以及它们共同决定心理发展的问题。可以这么说，遗传为心理发展提供了物质基础和可能性，是必要条件，而环境制约着心理发展的内容、过程和方向，是决定条件，而能否把这些条件转化为现实，关键在于人的实践，只有通过主体的实践活动，才能把遗传因素和环境因素统一起来，使心理得到发展。

（二）教育与个体的主观能动性对学生心理发展的影响

教育的作用是环境因素中最重要也是影响最显著的因素。

现代社会，促进人的心理发展最直接的方式就是学校教育，人们根据个体心理发展特点，制订相应的教育计划，对学生心理施行有系统的影响，继而影响学生的发展方向和水平。学校教育对学生心理发展的影响作用已成为人们的共识。

教育对学生心理发展所产生的作用并非是强加的，它是通过学生的活动和心理发展的内部因素作用来实现的，这便是个体的主观能动性。在同样的环境条件下，学生发展的特点和成就，主要取决于他在教育中的自身态度和学习中方式。人的主观能动性是心理发展的直接动力。教育与个体的主观能动作用是相辅相成的，处理好两者之间的关系将增强人的心理发展效果。

二、学生认知发展与美术教育

“认知”就字面理解，是指个体的认识和知识之和，它既包含了一种动态性的加工过程（认识），也包含了一种静态性的内容结构（知识）。具体而言，“认识”是指那些能使主体获得知识与解决问题的操作能力。认知发展的研究就是从心理学的角度探讨认知发生变化的过程和现象，包括感知觉的发展、注意力的发展、记忆力的发展、思维的发展、言语的发展和想象的发展等，其中感知觉、记忆、思维、想象与美术关系最为密切，探讨这些关系对于我们制订美术教育教学策略具有指导意义。

（一）学生感知觉发展与美术教育

人类所有的认知能力都是以感知觉为基础的，没有感知觉的参与，人类将失去信息加工的资源。感知觉是感觉与知觉的统称，人的感知觉活动是一种积极的过程，主体在这个过程中，从环境刺激中抽取某些信息，并据此调整自己的行为。

1. 学生感知觉的发展

学生的感知觉所包含的内容十分复杂，与美术关联紧密的感知觉内容是视觉、空间知觉、时间知觉和运动知觉。

（1）视觉：首先表现为视感觉，它是通过光线对我们视觉器官的感觉部分，即眼睛的光感受器的作用而产生的。人借助于视觉认知对象的明度、颜色、大小、比例、结构、体积、空间位置。视觉还表现为知觉形式，称为视知觉，它是对视感觉更深刻的认识，是以视觉分析器为主，综合各种感觉的一种心理过程。在视觉相关因素之中，与美术关系最直接的是观察力。

学生视觉发展并不复杂。幼儿园阶段的孩子已经有了一点观察力，并开始逐步向独立性、有目的性和有组织性的过程转化，只是这时的观察属于“粗枝大叶”，倘若画画，只能画大概的轮廓。小学阶段观察能力进一步提高，已开始注意对象的“细节”，如果能进行正确辅导，他们能够用线表现物质空间及结构。这种观察能力到了初中阶段获得迅速提高，已与成人相差不大，表现在画画上，明显追求“写实”。

(2) 空间知觉：空间是物体存在的基本形式之一，空间知觉即是对这种形式的知觉能力。认识对象的空间特性，在造型活动过程中具有特别重要的意义。

幼儿园小朋友早期只能辨别上下位置，然后才有前后和左右方位的知觉。这种空间知觉能力是建立在具体事物联系基础上的，比较抽象的空间观尚未确定。而对于形状知觉，幼儿园小朋友虽然可辨认简单的图形，但要与具体物相联系，到了小学阶段，空间方位知觉继续发展，但仍需借助具体物进行表达，只有到初中，学生这种抽象的空间知觉才真正建立起来。有了空间知觉，空间状态物体的近大远小现象、形状、方位等相关知觉才能得到真正意义上的发展与成熟。

(3) 时间知觉和运动知觉：时间与空间一样，是运动着的物质存在的基本属性，时间知觉是个体对客观现象的延续性和顺序性的反映。这种反映是通过听觉、触觉和视觉共同作用的。运动知觉是个体对物体在空间位移状态的反映，它是通过视觉、动觉、平衡觉等多种感觉器官的协调活动而实现的。就时间知觉而言，人在幼儿园阶段已经有了“时距”的估计能力，随着年龄的增长，在小学阶段有了逻辑性时间概念和习惯性时间概念，时间知觉基本发展起来。运动知觉的产生较早，人在幼儿园和小学阶段运动知觉大多为具体物体的运动，对运动间的连贯性和细微变化的认知则要到初中以后，甚至在高中阶段才真正成熟。

2. 学生感知觉发展与美术教育

学生感知觉的发展是综合为一体的，同一年龄阶段的学生具有一致的心理特征。就美术教育而言，这些心理特征与之对应关系又绝非我们想象的那么简单。

(1) 学生视觉发展与美术教育

色彩在大千世界中是最丰富的一种自然现象，作为主体的人，从一出世就置身于这种神秘的现象之中。所以人对色彩的感知觉是最直接的。鲁道夫·阿恩海姆说：“对色彩反映的典型特征，是观察者的被动性和经验的直接性。”幼儿园孩子们从对色彩的被动感知逐步向主观感知与运用发展，这其中就有美术教育的辅助作用。虽然只要有正常的视觉（无色盲色弱），颜色是能被感觉到的，但只有经过教师的引导，他们才能辨认不同的颜色，并慢慢地学会在图形上涂抹颜色。进入小学，学生开始对颜色有了一些“理性”认识，对不同的颜色产生不同的联想和感情。这时，美术教育应尽可能适应学生这一心理，注重引导学生进行“利用色彩表现各种情绪”的练习。在小学高年级，教师可以适当地给学生讲一些简单的色彩原理等理论知识，并引导学生逐步向写生色彩过渡。中学阶段，写生色彩和装饰色彩应成为教学的主要内容，但要引导学生注意通过色彩表达情感，将理性思考与情感的表现紧密结合起来。

观察能力是随年龄的增长逐步增强的。我们知道，观察是人对周围世界感性认识的积极形式，有着明确的指向性和目的性。在美术活动中，观察的主要任务就是对对象及其组成部分进行不断的比较，把对象本质的、最有特色的方面与非本质的东西区分开来。儿童在一开始接触对象时，有意观察的成分较少，他们只热衷于将事物的名称与符号相对应，而物体的形与色对他们来说是模糊的，随着年龄增长，才开始慢慢地有意注意物体的形与色，而观察能力在拼图、堆积木等美术活动中直接获得提高。随着美术教育的继续进行，如写生训练，学生的观察能力逐步提高，到初中便有了

“形与色”的整体意识，同时会注意到对象细节。研究表明，如果美术教育适应了学生的视觉发展，方法得当，学生在初中毕业时，就能基本具备美术活动所需要的基本观察能力。

(2) 学生空间知觉发展与美术教育

在空间知觉中，与美术教育关系最为密切的有大小知觉、形状知觉、方位知觉等，这些空间知觉对美术教育有着特别重要的意义。

大小知觉是个体对外界事物大小比例的反映。外界物体投射在视网膜上并产生映像，然后通过大脑神经系统作用获得该物体大小的信号。大小知觉的发展反映在美术学习中，是对物象形体比例把握准确程度的发展。反过来说，就是我们可以通过美术教育促进学生大小知觉的发展。如幼儿的大小知觉并不十分明确，分辨形的大小能力很弱，画画的比例往往“随心所欲”，不合乎正常。随着身心的发展，这种情况到小学才会得到改变，表现在绘画方面，就是比例更接近正确。初中以后，学生的大小知觉基本同于成人了，那么这时，美术教育不仅要顺应学生知觉发展规律，指导学生尽量把形象比例画准确，而且要顺应学生审美追求的需要，引导学生利用这种视觉感受，塑造更真实的空间感。

形状知觉是指个体对物象各部分组合的反映。形状知觉是从依赖具体物象感知到抽象感知，从几何形状的认识到不规则形状的认识逐步提高的。美术教育必须按照这样的规律安排课程内容，采用适当的教学方法，提高学生的造型能力。如写生训练就应从几何形体写生开始，或者从具有明确“几何形状”的茶杯等生活用具开始，逐步写生书包、鞋等形体结构较为复杂的物象，以及“组合静物”。设计教学时，要引导学生从具体物象的形状中感悟抽象和独具意义的“形状”，并由此培养对“形”的表现能力。

方位知觉是指个体对自身或其他物体所处的空间和方向的认识。一般来讲，对物体方向的辨认要比对物体距离的辨认容易一些。因为，人对于高度和宽度感觉总是敏感一些，而对远近的感觉相对迟缓一些，而且不够确切。要想了解物体的远近距离，则必须对物体的三个维度都有所了解。在造型艺术上，我们称高度、宽度是两维空间，是平面的，高度、宽度加上深度为三维空间，是立体的。上面说的“远近”就是深度。显然，立体感主要来自于深度。和人的思维发展规律一样，从幼儿到中学，学生是先有两维意识后有三维意识的。于是，我们也许就不难理解为什么幼儿园的小朋友画面上只有上下、左右的概念，多以上下或左右来安排形象了。而随着方位知觉的增强，小学生则开始能够体会深度并在画面上表现前后的关系。教学方法上，我们可以从“前面的物体遮挡后面物体”的训练开始，培养学生对前后关系，即深度的表现能力，并逐步引入透视知识，通过对透视教学，强化学生三维空间意识，增强对物象体积和画面空间的塑造能力。

（二）学生记忆的发展与美术教育

记忆是人脑保持信息和再现信息的心理过程。记忆在人的生活和学习中均具有重大意义，人借助于记忆积累知识，并在需要的时候利用这些知识。

记忆既是人类积累经验和丰富知识的基本手段，也是人们特别是学生心理形成和发展的基础。通过记忆，人们不仅可以把感知的信息储存在头脑中，而且也可以把思维结果储存在头脑中。

1. 学生记忆的发展

与其他心理现象不同，学生记忆的发展并非完全随年龄的增长而发展。相对而言，低龄学生（主要是幼儿园小学低年级学生）的形象记忆能力和无意记忆发展迅速；大龄学生（主要是小学高年级到高中学生）的形象记忆能力和无意记忆发展会放缓，逻辑记忆和有意记忆能力则发展更快。另外随着年龄的增长，人的所有记忆力会逐步下降。

儿童主要以无意记忆和直观记忆为主，对那些包含具体形象的事物和具有明显标识的对象记得较好，而且记忆中的许多信息并非他们有意识记获得的，更多是下意识就印在脑海中了。比如，他们看过的图像、听过的故事并未有意要记住它，但往往比成人记得更牢。我们通常说小孩记忆好，主要就是指他们这种无意记忆和直观记忆的能力要比成人强。

小学生基本保持幼儿时期的这些特点，但有意记忆能力和抽象记忆能力开始获得发展。实验证明，让幼儿园小朋友和小学生同时记 15 个单词，幼儿平均记 3～5 个，而小学生可达 6～8 个，记诗词的能力则是 7～11 岁这段时间最强。

初中以后，学生的有意记忆能力发展很快，但无意记忆在记忆中仍占有相当的比例。高中生，灵活记忆、逻辑记忆能力逐步占据记忆的主要位置。

2. 学生记忆的发展与美术教育

充分利用幼儿直观记忆的特点，美术教学就不仅要保留他们符号化和概念化的绘画语言特征，而且要指导学生发掘这种语言的艺术趣味，从中得到美的熏陶，如果过分追求形象的准确，就是违背这个特点，教学也不会有好的效果。对于小学生，则可以通过线描等写生课教学，帮助学生提高观察能力，强化有意记忆。对于初中生，可以增加一些临摹教学，让学生体验大师的美术语言，并从中获得有益的审美体验和造型经验。高中阶段，主要是发挥学生抽象记忆力、逻辑记忆力强的特点，开展好美术欣赏与批评教学，提高审美素养。

（三）学生思维的发展与美术教育

思维是人以已有的知识为中介，对客观现实的概括的间接反映。如果说感觉能获得事物个别方面的表面特征，那么，通过思维能获得事物全面的本质特征。也就是说，思维是在感觉经验的基础上，对事物进行分析与综合、抽象与概括，形成概念，并运用概念进行判断和推理，从而认识事物一般的本质特征的心理过程。思维是人的核心智力，也是一种高级认识活动。思维一般分为形象思维、抽象思维和直觉思维三种形式，它们都与美术教育有关。

1. 学生思维的发展

从幼儿到中学生（即成人），学生的思维一般先是直觉思维、形象思维为主，逐步发展为以逻辑思维为主。儿童多是依靠具体形象进行联想，随着语言能力的发展，在思维中渐渐有了抽象概括的成分。小学生，这种抽象思维开始明晰，并开始在学习活动中与形象思维并行发挥作用，不过具体形象思维仍占主导，抽象思维活动往往需要借助具体形象才能进行。到了初中，学生的思维十分活跃，抽象逻辑思维开始占有主导地位，他们喜欢争论，长于描述，学会了推理。高中生这种现象更加明显。

2. 学生思维发展与美术教育

从学生思维发展的阶段特征，我们可明显看出，从形象思维到逻辑思维是随着年龄增长而发生转变的。幼儿园，学生长于具体形象思维，在美术教育中，我们应尽可能适应这种思维能力的要求，教学的内容要侧重于与具体形象相关的美术训练。比如：泥工、纸工、涂色、综合材料绘画、版画等。小学美术教学，仍然要选择与具体形象有关的内容，但要逐步增加抽象思维方面的内容，比如：学习线造型、面造型、水墨画，以及适当的美术赏析等。初中美术教学的内容应该更加丰富起来，各种思维能力的训练应并行而施。设计、面造型，以及美术基础理论基础知识和美术欣赏等等，是这一时期教学的重点。高中学生的抽象逻辑思维能力开始占主导地位，这时美术教学的主要内容是侧重于美术理论方面的知识，诸如美学知识、作品欣赏、鉴评、美术概论、美术史、美术文化现象知识等。这些内容主要依靠学生较强的抽象逻辑思维能力，才能获得较好的教学效果。

学生思维发展与美术教育毫无例外地遵循着一种对应关系，这种关系既带来了教育的积极意义，又强化了美术学习的效果。

（四）学生想象发展与美术教育

想象是以映像、表象或观念的形式进行创造新的心理过程。它可以是现实生活中已有的，也可以是世界上根本不存在的，但它仍旧是人脑对客观现实反映的一种形式，对原有感性形象加以改造的结果。根据有无目的意图，我们通常将想象分为无意想象、有意想象、再造想象、创造想象和幻想。

人的想象随着年龄增长而发展，而且想象的侧重点也发生着变化。因为知识经验较少，幼儿园孩子们的想象是毫无约束的，甚至是随意变化的。小学生仍喜欢具有幻想色彩的童话和神仙故事，但再随着慢慢长大，那种不切实际的幻想会逐步让位给更具现实性的幻想。

1. 学生想象的发展

心理实验表明，儿童刚入幼儿园，其想象还处于萌芽隐晦阶段，随着语言发展，无意想象成为其主要特点，有意想象和创造想象并不占主导地位。有学者综合心理学研究成果将这一时期儿童想象的特点概括为：（1）想象主题易变化，无一定目的性；（2）想象常常与现实混淆或脱离现实，如意识不到童话里人物及其功能的虚构性；（3）想象具有特殊的夸张性，如将物象任意扩大或缩小等；（4）以想象过程为满足；（5）想象的创造性成分有限，幼儿初期开始发生创造想象；幼儿中期，想象中创性成分开始增加，如在游戏中会通过想象来补充或改变游戏的主题；幼儿后期，想象的创造性成分进一步增加，游戏活动中的情节设计和角色分配都表现出更大创造性。

小学生的想象与在幼儿园时期相比并无太大的变化，但无意想象和幻想性成分逐渐增多，在小学高年级，无意想象被有意想象所替代，创造想象开始活跃，想象的幻想成分也开始向现实性趋近；进入初中，随着心理结构的发展，想象也变得更加复杂化。首先，有意想象开始占主导地位。其次，创造想象有着绝对的优势。其三，想象日趋现实化，想象内容更丰富、复杂。进入高中，学生的想象除了创造想象显示出年龄优势外，其他心理状态都趋于成熟。

2. 学生想象的发展与美术教育

美术课程置应能针对学生各年龄特点，促进他们想象的发展。幼儿园应注重游戏性和随意性内容的教学，让小朋友尽情地摆弄他们觉得有趣的材料和造型，彻底贯彻愉快学习原则；小学应努力培养学生处理画面形式美感的能力，适应其这一时期幻想占主导地位的心理特征；初中则要注意选择偏于理性化的教学内容，如立体造型、写生以及工艺设计等，既让他们通过美术放飞想象，又让他们学习美术技能。高中的教学重点可放在鉴赏与批评以及美术史的学习，利用想象提高创新意识和创造力。

（五）学生个性心理发展与美术教育

个性是人的个体特征，个性的倾向性、性格、能力、气质、认识过程和情感过程的特点共同构成个性心理结构。我们研究学生个性心理发展与美术教育之间的互动关系，关注的是个性心理中与美术教育相关内容，即兴趣、情绪等个性心理因素的发展情况，以及它们与美术教育的相互关系。

（六）学生兴趣的发展与美术教育

兴趣是个体对外界的一种特别的态度，这种态度是在渴望认识对象上表现出来的。兴趣发生的情形是多种多样的，既与好奇心、爱好、知识经验的丰富性、教养的高低等主观因素有关，也和具有足够吸引力的客观条件和事物有关。兴趣在人的发展过程中有着巨大的作用，对美术教育有直接的影响。

1. 学生兴趣的发展

兴趣的产生起初出于好奇，这种好奇心既有生理性动机，也有认知心理特征。幼儿学生的兴趣更多表现为好奇心，而且这种好奇心所产生的兴趣主要表现在活动过程之中，没有目的性，活动结束，兴趣也就消失。小学生的兴趣已不仅仅停留于事物的表面现象上，有时他们开始设法去探究事物发展的原因、结果以及事物之间的相互关系，兴趣特别广，而且具有一定的稳定性。心理学将这一阶段学生的兴趣特点归纳为五个方面：(1) 最初对学习过程感兴趣，以后逐渐对学的内容和需要独立思考的问题更感兴趣。(2) 最初的兴趣是不分化的，以后逐渐产生对不同学科内容的初步分化；(3) 对具体事物和经验较有兴趣，对有关抽象因果关系知识的兴趣在初步发展着；(4) 游戏因素在低年级学生的学习中有一定的作用，中年级以后，这种作用逐渐降低；(5) 在阅读兴趣方面，表现出不同年龄特征，4～6 岁为绘画期，6～8 岁为传说期，8～10 岁为童话期，10～15 岁为故事期，15～17 岁为文学期，17 岁以后为思想期。

初中学生更关注事物的本质和规律，开始在广泛的兴趣背景下，逐渐形成以自己的个性特征为中心的兴趣，并越发明显地与个人的志向相连接。这种兴趣的恒定与自觉标志着他们的个性心理趋于成熟。高中生这一恒定性更强，往往有一种明确的奋斗目标，而为实现这一目标，他们既有动力更有兴趣，并且相比较于初中生，兴趣的稳定性更强。

2. 学生兴趣发展与美术教育

学生兴趣发展是随着他们的年龄增长逐渐由低级向高级递进的。那么，针对每一阶段学生兴趣的特征，美术教育要有的放矢。对于幼儿，我们应考虑其兴趣多变性，运用游戏的形式开展美术教育，并尽可能在教学内容的选择和编排上增加趣味性和生动性，以增强其兴趣，集中注意力，对小学生几乎和幼儿一样，我们要通过生动活泼的教学形式和变化多样的教学内容，让学生的兴趣保留在美术教学过程之中。如，自由画、记忆画、想象画、命题画仍为这一阶段教学的主要形式。对于初中生，因为对美术热情没有小学时那样高。所以我们既不可强求每个学生把志向定在美术学习上，但也应努力在不影响其主导兴趣的前提下，尽可能提高他们在美术学习中的兴趣，高中学生已开始明白作为一个人拥有全面素质的重要性，他们懂得美术学习益处，所以，我们要根据教学需要来优化教学内容，合理编排内容，运用科学、生动的教学方法去完成美术教学任务。

第二节 | 美术教学的组织者——教师

教师是美术教学活动的主体，在教学活动中发挥主导作用。

传统的美术教育理念封闭和狭隘，比较习惯于以教师中心、书本中心、课堂中心组织教学，教师是知识传授者的俨然形象，对学生的人文关怀不够，再加上陈旧的课程模式，忽视学生经验和发展需求，教学效果较差。如何推进美术素质教育？老师努力适应新课标要求，蜕旧更新，转变在教学活动中的角色是关键。

一、美术教学中教师的角色

（一）人类文化的传播者

美术是人类文化的组成部分，美术教育也应当是一种文化教育，那么，美术教师自然要担当起传播人类文化的责任。教学过程中，教师应自觉突破技法传授的藩篱，彰显文化意义上的美术教育，不仅要提高学生美术表现力，还要提高学生美术鉴赏力，提高学生美术文化素养。在教学设计上有周密的教学步骤，围绕教材挖掘其中的文化内涵，并渗透于教学之中，引导学生品味和思考其中的文化内涵。

教学活动中教师要成为美术课堂活动的“参与者”，要和学生一道打破课堂的宁静，经常走下讲台，走出教室，与学生共同观察、讨论、感受和体验。在课堂上，建立平等和谐的、互动共生的师生关系。确立学习目标、把握教材知识体系和教学进度等，教师是主体，课堂教学活动中，学生是主体，或者说教师是教的主体，学生是学的主体。教学过程中的这两个主体积极互动交替发挥这“主体”作用。教师要根据实际情况不断创新教学情境，营造适合的课堂氛围，满足学生发挥主体作用的需求。同时，教师还要不断调整自己的教学策略，使美术教学更加接近学生生活，让学生感觉学习美术是有趣味有意义又比较容易的事情，从而增强学习美术的自信心和主动性。教师作为课堂教学活动的“参与者”，很容易成为学生的朋友，教学互动比较容易开展，但同时也对教师自身素质提出更高的要求，要面对学生千奇百怪的疑问，是一种挑战，但作为新型教师，要肩负起传播人类文化的使命，必须迎接并战胜这个挑战。

（二）学生人格的塑造者

教育本身是一种以人格来培育人格、以灵魂来塑造灵魂的特殊劳动。教师是学生知识增长和思想进步的导师，教师的一言一行都会对学生产生重要而持久的影响。教师的认知优势、技能优势和年龄优势，以及世界观、价值观、理想、兴趣、思维方式，乃至个人的风度、语言、手势、习惯等，都是一种人格力量，会对学生产生潜移默化的影响，并直接影响他们的学习效果，所谓“亲其师而信其道”。教师要结合“知识与技能、过程与方法、情感态度与价值观”三位一体的目标，深刻理解“人类灵魂工程师”含义，全面提升自己思想道德水平、学术水平和文明仪表，以自身高尚的人格潜移默化地影响和塑造学生的人格。

（三）教学活动的组织者

教师是教学活动的设计者，也是教学活动的组织者、实施者。即使是强调探究性学习的今天，注重学生自主性的同时，也离不开教师的教学组织与安排。否则，整个教学势必在混乱无序和放任自流的情况下失败。

过去，美术课程综合性和多样性不足，过于强调学科中心，一定程度上脱离了学生的生活经验，没有跟上时代和科技发展的步伐，难以激发学生学习美术的兴趣。学习内容难、繁、偏、旧，过于专业化。虽然美术教师本身具有美术专业知识，但不能用过于专业的和成人的标准要求学生，否则，就违背学生身心发展规律，造成“自身专业”和“学生专业”的错位，教而无效。个别学生喜爱画画，但却不喜欢上美术课往往就是这样造成的。所以，美术教师转变角色的方式之一就是由课程知识的“灌输者”变成学生探索知识的“引导者”，让他们自主学习，创造性地学习。

《美术课程标准》强调美术课程性质的人文性、愉悦性和创造性，强调艺术教育的个性化，主张开展有游戏倾向的艺术活动，强调学生综合能力的培养，强调美术人文精神和审美能力培养。这就要求美术教师构建超越学科的生态型知识结构，不断学习和掌握与美术相关的新技术、新知识，掌握促进学生思维和人格发展的新方法。教师只有自身具备渊博的知识，才能当好“引导者”的角色，才能使美术课程更具吸引力。在组织教学时，要全面了解学生的基础，根据学生不同潜能和个性灵活处理教材，因材施教，努力创设自由宽松的学习环境，让学生在积极的情感体验中展开想象和创造的翅膀，全面提高美术水平。

二、美术教师的素质要求

（一）高尚的师德和艺德

教师是人类灵魂的工程师，担负着传播科学文化知识，培养下一代的任务。作为美术教师首先必须具备高尚的师德和艺德。

具体的师德艺德的规范如：具有辩证唯物主义世界观，高尚的爱国情操，积极向上的人生态度，乐于奉献的敬业精神等。落实到具体实践中，就是要做到爱护学生，诲人不倦，学为人师，身为世范。这些在教育学课程里面有更详尽的阐述，这里不再累述。

相关链接　教师职业道德

教师职业道德是当今社会对教师这个行业的特殊道德和行为的要求，其作用是调整教师之间，教师与学生之间，教师与学校领导之间，教师与学生家长之间，及与社会之间的各方面行为准则。

（二）坚实的美术知识与技能

随着经济社会的发展，美术与生产与生活各个方面联系日趋广泛和紧密，“大美术”格局已经形成，对教师来说，要适应社会的发展，就要不断地优化自身知识结构。

1. 相关的美术理论

（1）与美术教育相关的概念

没有美术，就没有美术教育的基础。美术教育由美术本体和教育功能两方面要素构成，美术本体构成了美术教育的核心和基础，美术本体由美术知识与技能构成。对美术教师而言，对美术本体的经验、知识和技能的掌握构成了他们区别于其他学科教师的特点，缺乏了这些，就不可能成为一位理想的美术教师。换句话说，一个美术教师必须具备一定的美术经验、知识和技能。

学科的基本概念构成这个学科的基本知识体系，美术教师首先需要了解与美术教育相关的一些美术与美学基本概念，知道它们的基本内涵。具体包括：美术的含义及分类；美术的功能与目的；美术创作；美术表现；美术史；美术批评；艺术风格；艺术典型；艺术形象；美术语言；情境；形式感；美术媒材；写实；变形；抽象；感知；体验；审美；审美属性；悲剧性；喜剧性，等等。

（2）美术史

具体包括：中国美术的发展脉络，美术画派、重要美术作品、重要美术家及其代表作品；外国美术的发展脉络，美术画派、重要美术作品、重要美术家及其代表作品；中外设计的发展脉络、流派及重要作品。

（3）美术技法理论

具体包括：构图理论、色彩理论、透视理论、解剖理论等。

美术创作者对这些知识的内涵能够进行实践性的体认，而不能具体地解释它们的内涵，可能并不会影响他们的创作实践，但一个美术教师则不行，不仅应该准确地理解其内涵，还应该能用语言清晰地对之加以阐释。少数教师在技法的教学中，演示、示范不成问题，但在进行美术理论知识的教学和美术欣赏教学时却存在很大的障碍，这表明他们自身知识或者所们接受的教育存在缺陷，自身忽视了美术理论的学习，或高校忽视了美术理论的教学。

2. 美术技能

美术技能是所有美术专业院校都十分重视的内容，在师范美术专业中同样如此。专业技能较好是我国美术教师的一个显著特点。

关于美术技能，应该追求“一专多能”或“几专多能”。所谓“一专”或“几专”指的是教师应该在一个或几个美术领域有较高水平和较好的纵向发展潜能，这样，一方面可以获得一定的社会声誉，提升自己在学校及学生中的形象；另一方面可以弥补成就感的不足，获得更为丰富的人生价值；再一方面，如果是高中教师，还能更好地适应现在高中的美术课程的要求，因为高中美术新课程标准对教师的要求是至少能胜任三个模块课程。所谓“多能”指的是应该适应中小学课程的特征，具有相对全面的操作技能，如剪纸等手工制作能力，国画等绘画能力，组织学生课外活动能力等。

追求“一专多能”的复合型人才已成为一些高师美术教育专业的追求，他们主要采用了“必修+选修”的课程模式，即先不细分专业，要求学生对中小学美术教育涉及美术技法、理论进行全面学习，然后再根据自己特长与兴趣选择一两个领域强化学习，以便获得更进一步的发展。

随着美术内涵的不断发展变化，“多能”的指向也越来越具有开放性，除了目前普遍开设的素描、速写、中国画、油画、版画、雕刻、设计和工艺之外，考虑到中小学美术课程中的新增内容，高等师范美术教育还应该增加陶艺、媒体艺术（摄影、摄像、电脑美术）课程，条件允许的话，还应该学习金工、木工等技能。

（三）良好的教育学与心理学知识

1. 教育学知识

教育学是人类在研究人的教育问题和实施教育行为的过程中逐渐形成和发展起来的科学。经过长期的积累，属于比较成熟的科学，它的很多原理、方法对美术教学具有重要的指导和参考价值。美术教育作为一个教育门类，肯定具有教育的一般性特征，符合教育的基本规律和原理。也就是说，美术教育必须借助于教育理论，以便对学生实施有效的教学。美术教育的理论在其发展过程中，始终得益于教育学的理论指导和启迪。在一个美术教师的成长过程中，基本的教育理论是由教育学提供的。

2. 心理学知识

只要是人，就会存在心理，人们就会对人的态度和行为等问题从心理的角度进行解释和分析，寻找其中的规律，进行预期，然后根据其对人的积极或消极的结果进行迎接或规避，这应该是心理研究的初衷和心理学发展的持续动力。美术教师的工作对象是具有情感、思想、个性，并处于人生发展特定阶段的人，在现实情景中会有种种的态度和行为，因此了解人的一般心理状态和心理规律，以及人的心理发展特征和个性，有助于我们准确地把握工作对象，开展有效的教学工作。

一个美术教师的心理学知识首先来源于对普通心理学的学习。普通心理学是研究心理学基本原理和心理现象一般规律的心理学分支，提供了关于心理学的最基本的概念、原理、领域和方法等方面的知识。

通过对普通心理学的学习，我们应该对感觉与知觉、学习与记忆、思维与想象、情感与意志、人格与个性心理特征这么几个领域知识有较深入的理解。在这个基础上，进一步学习教育心理学、发展心理学、创造心理学、艺术心理学等与教师职业紧密相关的心理学知识。

（四）扎实的美术教育理论

美术教育理论经过长期的积累已是羽翼渐丰，而且由于它来源于对美术教育实践的思考与经验总结，因此对美术教师来说可能具有更直接的指导意义。

美术教育理论的基本研究对象是美术教育在培养人的全面发展的过程中的基本规律，具有应用理论的性质，可以分成两个方面：研究美术教育的理论性问题；研究美术教育具体应用性（实践）问题。所谓理论性体现为对现实经验的概括性的知识体系，具有抽象与概括的特点。所谓应用性问题指的是美术教育实践中教学具体实施的问题。美术教育理论比一般教育学原理更为具体，不仅要描述美术教育的一般规律，而且要描述美术教学的具体过程与组织方法。

一般来讲，美术教育理论的内涵包括：美术教育的发展过程及规律；美术教育的价值和目的；美术教育的内容与课程问题；美术教育的教学原则与方法问题；美术教育的教师问题；美术教育的研究问题等。

显然，美术教育理论既涉及抽象的理论问题，如对美术教育发展规律的梳理和总结，对美术教育价值的分析和目的的研究，美术学习的理论的研究等，又涉及美术教育的具体的操作实践的方法，如教学或学习方法，甚至具体到如何备课、上课的层面。

（五）卓越的教育教学能力

在许多人的潜意识中存在着只要会画画就能当好美术老师的肤浅观念。但事实上，不了解美术教育的基本规律和方式方法，仅仅有一些绘画的基本技能是不能满足基础美术教育要求的，美术教学当然也是不会成功的。真正称职或者说理想的美术教师必须具备良好的教学设计能力，富于感染力和准确的语言表达能力，灵活有效的教学组织与管理能力等。素质教育背景下的美术教育更要求教师要有卓越的教育教学能力。

1. 不懈的研究和创造精神

开展教学实验和教学研究是现代教师自我发展必须具备的能力。现代教师要能够有目的，有意识地接收和处理现代社会各种信息，在教学的同时开展教学科研，利用在教学中获得丰富实践经验进行教学创新，促进美术教学的科学化和规范化。美术教师还要具备敏锐的艺术眼光，积极从事艺术创作，在给学生做出示范表率的同时，还可以将艺术创作的新感受和新体会融入教学之中，提升教学质量。

2. 健康的心理素质

教师的心理素质对学生的心理素质有极大的影响力。一名优秀的教师应该具有一个健康的心理素质，具体包括：

第一，奋发向上的精神状态。要适应社会的变化要求，必须具备奋发向上的精神、终身学习的观念，开拓创新、健康乐观的人生态度等；

第二，愉快幽默的情绪。幽默地谈吐，机智风趣的讲课技巧能调节课堂气氛，增进师生情谊，但是，教师的幽默应该是高雅的，有智慧的，富有哲理的，能够回味并从中获得启发的；

第三，坚忍不拔的意志。在教学实践的中，难免会遇到这样那样的困难，如果我们不具备不畏艰难，坚忍不拔的意志品质，是很难顺利完成教学任务的。由于美术课不是中小学升学统考或会考科目，在工作中会遇到比其他科老师更多的困难，具有坚忍不拔的意志就更为重要；

第四，理智的心理调节能力。职业既崇高，又艰辛，教师要具备开朗的心胸和乐于奉献的精神，能在经历挫折的时候，自觉调适心境、情绪，使自己始终保持良好健康的心理状态。

（六）文明的仪表风度

教师的仪表风度应该是文明得体又不失教师职业特色。教师衣着既有个性，又端庄大方；举止潇洒自然；语言文雅；性格开朗；给人以自信、坦诚、知性、亲切的感觉。

第三节｜美术教学中的师生关系

现代教育观认为：教师与学生是平等、合作、互动的关系。教师是教学情境的创设者，是教学活动的组织者和实施者，是学生心语的倾听者和积极的反映者。学生是具有情感、个性和有尊严的学习主体。在教学中怎样发挥教师的主导与学生的主体作用，是上好课的关键因素之一。

一、师生关系的类型

1. 专制型：教师强调自己的尊严，不讲方式方法，不注意倾听学生的意愿。学生对老师唯命是从，学习被动，无独立性和创造性。师生之间缺乏情感交流，关系疏远。甚至有的教师因为专断、粗暴而引起学生的反感、憎恶和对抗，造成紧张的师生关系。

2. 管理型：教师有较强的责任心和义务感，对学生严格要求，管理规范；学生能够服从管理，教学活动有条不紊，但教师在学生心目中往往可敬而不可亲，有一定的威信，但缺乏人情味。

3. 溺爱型：教师尊重学生的意愿，关心爱护学生，有亲切感，工作仔细周到，学生能与教师沟通思想，师生能相互信任、尊重，但教师对学生的要求不够，学生对教师的依赖性较强，不利于独立性、自主性的发展。

4. 放任型：教师缺乏对学生的责任心和爱心，对学生的学习和发展不加指导和控制；学生对教师的教学能力产生质疑和失望，对教师的人格鄙视，议论，师生关系冷漠，课堂秩序失控。

5. 民主型：教师综合能力强，威信高，善于和同学交流，能不断调整教学进程和方法；学生学习积极性高，兴趣广泛，能够独立思考问题，和教师配合默契。民主型师生关系，源于教师的民主意识和平等观念。这一类型的教师都具备较高的专业素质和强大的人格力量。民主型是理想的师生关系。

二、如何建立良好的师生关系

《美术课程标准》的宗旨和核心理念是“一切为了每一位学生的发展”。美术学科不是升学考试的科目，对学生来说没有强迫学习的动因，师生交流机会较少，某种程度上，关系比较疏远。“亲其师，信其道”，美术教师更要注意和学生建立良好的关系，真心关注学生发展，特别是注意在美术教学中构建和谐的师生关系。和谐的师生关系是成功实施美术教育的感情基础。

师生关系包括师生伦理关系和师生情感关系。那么怎样才能建立良好的师生关系呢？概括地讲在于做好以下几点。

（一）树立民主思想

民主平等是现代师生伦理关系的基本要求。民主思想首先要求教师承认学生作为“人”的价值。每个学生都有特定的权利和尊严，更有自己的思想感情和需要。其次要求教师尊重学生的人格。这种尊重既表现在对学生个性行为表现的接纳和需要的满足，又表现在创设良好的环境和条件，让学生自由、充分发现自己，意识到自己的存在及存在价值，体验到自己作为人的一种尊严感和幸福感。

（二）提高法制意识

教师一定要提高法制意识，明确师生的权利和义务关系。法制意识淡薄，认识不到学生拥有神圣不可侵犯的权利，这是侵犯学生权利现象屡屡发生的主观原因。随着教育伦理制度建设的加强，师生之间的权利义务关系不断明晰，学生的合法权利得到全面切实保护的同时，教师的利益也得到有效保护。

（三）纯化师生关系

师生关系是一种教养关系，即一种具有道德纯洁性的特殊社会关系。教师应加强自身修养，提高抵御不良社会风气侵蚀的自觉性和能力，同时，也要更新观念，树立以人为本的管理思想，从而为师生关系的纯化创造有利条件。

（四）真情对待学生

要建立良好的师生情感联系，教师必须真情付出，关心爱护每一个学生，公平地对待学生，不能厚此薄彼，尤其是对于学业成绩不够理想的学生，更要多鼓励、多关怀。应当坚信，教师的真情投入，必定会得到学生的真情回报。

（五）展现教学艺术

展现教学艺术，提高教学活动的吸引力，这是优化师生情感关系的重要策略。教师要通过联系学生生活实际，激发学生学习兴趣，增强学生情感体验，改进教学活动，使教学过程充满情趣和活力。

（六）展现个人魅力

教师要想得到学生的爱戴，就得有内在的人格魅力。努力完善自己的个性，使自己拥有热情、真诚、宽容、负责、幽默的优秀品质，这是优化师生情感关系的重要保证。为此，教师要自觉提高自身修养，扩展知识视野，提高敬业精神和教育艺术，努力成为富有个性魅力的人。

思考与练习

1. 美术教学的构成要素有哪些？
2. 科学的学生观包括哪些内容？怎样在教学中落实？
3. 理想的美术教师应该具备哪些素质？

第二章 | 美术课程与教学实施

美术课程是学校美术教育的核心，它和教材构成教学活动的最基本要素，是教学的基本依据。美术教育必须明确课程在教育中承担的责任及对实现人才培养目标的意义。

第一节 | 美术课程及其教学目标

一、课程的概念

课程是一个重要的教学论概念，被视为教育活动的中心问题，但这一概念一直存在不同的界说。

对课程概念的研究，国外的历史要长一些，比较具代表性的界说有两种。一种界说是：在学校建立一系列具有潜力的经验，目的是训练儿童和青年以大众方式思考和行动，这类经验被称为课程。即：课程是学习者在学校的指导下获得的全部经验；另一种界说是：课程是指一所学校为满足学生的学习需要与达到预期的教育目的而进行的思想与活动的总体计划[①]。我国有关课程论的研究历史不算长，但也取得了较好的成果，对课程建设起到了非常积极的促进作用。目前学术界对课程的概念有三种界说。第一种界说：课程是实现学校教育目标而选择的教育内容的总和[②]；第二种界说：课程是指在遵照教育目的指导的学生学习活动，由学校有计划、有组织地编制的教育内容[③]；第三种界说：课程是“学习者在学校指导下获得的全部经验”[④]。

不论是国外还是国内，对于课程概念的阐述虽存在不同，但从本质上看是相通的，这些界说概括起来可以分成两种：一种认为课程是学生在学校获得的经验，有人称其为“经验说”；一种是学校的教育教学内容，有人称其为“内容说”。应该讲，这两种界说并不矛盾，具有互补性，是从不同的角度揭示了课程的本质。从研究教学内容的角度出发，本书倾向于第二种界说，即课程主要有课程标准和教材等部分构成，是为实现学校教育目标而选择的教育内容的总和，它包括学校开设的各门学科和有计划的课外活动，也包括教学目标与培养人才的标准、教学时数与进度等。

此外，学术界时下还流行一种隐性课程理论和活动课程理论。所谓隐性课程，一般是指形成学生的非正式学习的各种要素，如师生关系、教风、学风等在学校课程设计中没有得到明确规定，但对学生有潜移默化的影响，被看做是隐现的、无意的“学习经验”。所谓活动课程，是指在学科课程之外，由学校有目的、有计划、有组织地通过多种活动项目和活动方式综合运用所学知识，开展以学生为主体，以实践性、创造

---

① ［美］朗特里．英汉双解教育辞典．北京：教育科学出版社，1992：96.

② 顾明远．教育大辞典（1）．上海：上海教育出版社，1990：257.

③ 钟启泉．现代课程论．上海：上海教育出版社，1989：177.

④ 陈侠．课程论．北京：人民教育出版社，1989：14.

性、趣味性以及学科性为主要特征的多种活动课程。[①]

事实上，课程不仅是一个概念问题，也是教育过程中始终存在的一个实际问题，一方面我们按“经验说”确定了我们的课程目标，另一方面我们又按“内容说”编订具体的课程，即形成课程计划、大纲和教材。那么，学习者学习了这样的教材后，是否真的能够获得我们希望他应该获得的经验呢？这是一个难题。例如，虽然课程计划和教学大纲规定了能力目标，但在现行绝大多数教材里和实际教学过程中往往不能充分落实，能力培养甚至流于形式。在全面实施素质教育的今天，编订出符合《美术课程标准》要求的具体课程，尤其是教材，可以说是一个非常重要的基础性工程。现在，我们不必给课程下一个精确的定义，而是要关注到课程的两种界说及其所反映的课程编写中需要注意的问题，编写出能使学生通过学习获得教育目标所要求的经验的具体课程，以促进素质教育的全面实施。所以，接下去我们主要讨论一些关于课程的具体问题。

二、课程教学目标

（一）基本目标

《美术课程标准》指出：“美术教学要创设一种文化情境，增加文化含量……使学生树立正确的文化价值观，培养人文精神。”因此，美术教学应该把文化素质培养放在首要的位置上，通过美术教学的文化渗透，加深学生对文化以及历史的认识，并在广泛的文化情境中树立正确的文化价值观，培养人文精神。

培养学生人文精神的目的，一是要真正把“重技”的倾向转过来，加强德育的渗透，让美术教育折射出道德光芒，照耀学生的思想。美和德是一个有机整体，人如果缺少基本社会道德就根本无从谈美，而人的道德高尚了，其行为自然会美。美术教育不能一味强调技能训练，只重视培养“一双美的眼睛”和一双创造美的手，而是要赋予其更深刻更丰富内涵，有更深层次的美的人格和道德支撑。二是要挖掘美术作品中蕴涵的丰富历史和文化，让美术教育溢出文化甘露滋润学生心田。美术在承载文化和历史的同时，又创造了自身的文化和历史。美术史和美术欣赏课教学，很重要的一项任务就是让学生从美术的角度了解各个历史时期的社会政治、经济、民俗等社会形态，了解不同时代、不同地域、不同文化背景下人们不同的审美取向，体会美术深厚的文化底蕴，从而提高美术文化修养。三是要弘扬我国优秀传统，让学生在欣赏传统美术作品过程中，陶冶情操，增强爱国主义情感。四是开发民间美术资源，注意适当传授具有代表性的传统符号语言，使学生理解民间艺术，尊重民间艺术，珍爱民间文化遗产，从而自觉继承和弘扬民间优秀传统美术，增进民族团结。

我们知道，美术的显著特点是直观形象，是通过视觉来感知世界。如果没有敏锐的感受力，那么，再好的艺术品也无法欣赏。所以，美术教学的另一个基本目标就是

---

① 孙宏安．课程概念的一个阐释．教育研究，2000（3）．

培养学生的视觉感受力，使学生能从偶然的、具体的诉诸视觉感官的形象中，体悟到内在的含义，从而提高艺术素养和审美能力。

培养视觉感受力，可以从以下几方面入手：

1. 锻炼视觉思维。在写生教学中，通过引导学生有目的有计划地观察对象，逐渐养成其正确的观察方法和科学的视觉思维习惯。在欣赏课教学中，通过引导学生用视觉去探索艺术家的作品构思，体验和理解艺术家的创作思维，逐步提高视觉思维能力。

2. 培养视觉感受力。鉴赏和写生可对提高学生视觉思维影响较大，而创作则对培养学生视觉感受力影响更大些。在创作过程中，学生通过实践，在材料、技术和形式的处理方法等方面会得到更深切的体验，感性认识会更加丰富，同时会自觉实现从感性到理性的升华，从而促进健全审美心理结构的形成——具备良好的视觉感受器。随着创作实践的不断进行，这种视觉感受力会随之得到提高。

3. 在生活中提取美、感受美。自然界可谓是大美无言，城市一隅，乡村一角，自然之美无处不在；大到城市规划，小到一根牙签，艺术设计及审美构思无所不存。引导学生以审美的眼光去观察、感受身边的事物，从生活中提取美、享受美，逐渐拥有一双“美的眼睛”，不仅能激发学生的审美兴趣，而且能培养学生热爱自然、热爱生活的良好品质，是提高视觉感受力的重要途径。

（二）现实目标

造型能力的培养是学校美术教育主要任务，是实现其他教育目标的重要载体途经，是学校美术教育的现实目标。中小学美术教育要通过指导学生对各种美术材料、技巧和制作的实验，体验造型活动的快乐，产生对美术学习的兴趣，发展艺术感知力和造型表现力。我们可以主要从两个方面来培养学生的造型能力。

1. 学习和掌握正确的观察方法。造型的准确与否、美丑与否，有赖于观察能力强弱。观察能力的强弱，有赖于观察方法的科学与否。正确的观察方法是“比较观察”。比较观察就是在全面整体观察的基础上，对物象形、体、结构、光、色等进行比较，分析它们之间的比例、节奏、明暗、冷暖以及虚实等关系，最后形成具体而完整的“准艺术形象”。观察比较的因素越多，获得的形象就越全面、越准确。从某种程度上讲，一个人观察能力的强弱就是体现在他发现比较因素的多少以及对这些因素主次的判断上。当通过全面而有主有次的比较后，完整准确的形象了然于心，取舍胸有成竹时，便会有下笔如有神的惬意和效果。

2. 持之以恒。造型能力的培养非立竿见影之事，需要日积月累，循序渐进。教学中，要根据不同年龄段学生的认识特点，引导他们由简到繁，由浅入深地观察，并指导他们把观察的感受用线（曲直粗细等）、面（大小方圆等）、色（深浅冷暖等）等美术的语言表达出来。这样才能保持和发展他们的美术兴趣，增强学习美术的信心，这是学生持之以恒学习美术的前提，只有这样学生的造型能力才能得到逐步提高。

（三）终极目标

创造力是一个民族立于不败之地的根本依靠，教育的最终目标是面向全体学生，全面培养学生的创新精神和创新能力，培养学生健全的人格。科学研究表明，右脑长于形象思维（形象思维具有发散性，易产生顿悟与灵感），是创造思维的源泉。科学研究同样表明，美术教育能促进人的右脑运动。美术总是离不开形象、空间、直觉、想象，因此，美术教育使学生直觉思维、形象思维不断得到训练，对提高学生创造力具有巨大的促进作用。

第二节 美术课程标准

一、课程标准的概念

课程标准是对课程目标、学科设置、教学时数、活动要求、教材编写等问题作出的具体规定，是美术教学的纲领性文件。

课程标准，一般由课程标准总纲和各科课程标准两部分构成。课程标准总纲是对一定学段的课程进行总体设计，规定了各级学校的课程目标、学科设置，各年级各学科每周的教学课时数、课外活动的要求和时数，以及团体活动的时数等；各科课程标准具体规定各科教学目标、教材纲要、教学要点、教学课时数和编写教材的基本要求等。2001 年，教育部颁发了《基础教育改革纲要（试行）》，指出：国家课程标准是教材编写、教学、评估和考试命题的依据，是国家管理和评价课程的基础。课程标准体现了国家对不同阶段的学生在知识与技能、过程与方法、情感态度与价值观等方面的基本要求。它规定各门课程的性质、目标、内容、框架，提出教学建议和评价建议。

课程标准应包括五个方面的基本内容。第一，它是按门类规定的；第二，它规定本门课程的性质、目标和内容框架；第三，它提出了指导性的教学原则和评价建议；第四，它不包括教学重点、难点、时间分配等具体内容；第五，它规定了不同阶段学生的知识与技能、过程与方法、情感态度与价值观方面所应达到的基本要求。

二、美术课程标准

现行的《美术课程标准》是 2001 年教育部颁布的。这是继 1992 年 8 月国家教委颁布的《九年义务教育全日制初级中学美术教学大纲（试用）》和《九年义务教育全日制小学美术教学大纲》（以下合并简称《教学大纲》）后关于中小学美术课程的纲领性文件。新中国教育史上，曾出现过“教学大纲”和“课程标准”两个概念。1950 年，我国学习苏联教学模式，颁发了《小学图画教学大纲（草案）》，《初级中学图画教学大纲（草案）》。“大纲”的提法一直沿用到 2001 年，即到《美术课程标准》颁布。课程标准取代教学大纲看上去是名称的改变，实际是教育理念的更新。《美术课程标准》和《教学大纲》比较有三个方面的变化：

第一，《美术课程标准》突出了以学生为本的教育理念，强调学生自我学习和自我教育，注重学生主动参与美术活动，体验活动的乐趣，丰富视觉与触觉感受，发展美术实践能力，形成基本美术素养。

第二，《美术课程标准》突破了《教学大纲》无内容框架，按学生学习美术活动方式划分了学习领域，注重学以致用，使静态的知识和动态的活动相统一，强调综合性学习和探究性学习。

第三，《美术课程标准》改变了列知识点的方法，使硬性的规定变为弹性的选择。不但提出知识和技能的可选性，也提出学习活动和方法的可选性。

三、美术课程性质与目标

（一）九年义务教育美术课程性质

《美术课程标准》规定："美术课程具有人文性质，是学校进行美育的主要途径，是九年义务教育阶段全体学生必修的艺术课程，在实施素质教育的过程中具有不可替代的作用。"

（二）九年义务教育美术课程理念

美术课程的基本理念是使学生形成基本的美术素养；激发学生学习美术的兴趣；在广泛的文化情境中认识美术；培养创新精神和解决问题的能力；为促进学生发展而进行评价。

（三）九年义务教育美术课程目标

《美术课程标准》将课程目标分为总目标和阶段性目标。总目标是："学生以个人或集体合作的方式参与各种美术活动，尝试各种工具、材料和制作过程；学习美术欣赏和评述方法，丰富视觉、触觉和审美经验，体验美术活动的乐趣，获得对美术学习的持久兴趣；了解基本美术语言的表达方式和方法，表达自己的情感和思想，美化环境与生活；在美术学习过程中，激发创造精神，发展美术实践能力，形成基本的美术素养，陶冶高尚的审美情操，完善人格。"

《美术课程标准》将阶段性目标按"造型·表现"、"设计·应用"、"欣赏·评述"和"综合·探索"四个学习领域，分别进行具体描述：

	造型·表现	设计·应用	欣赏·评述	结合·探索
第一学段（一至二年级）	尝试不同工具，用纸以及身边容易找到的各种媒材，通过看看、画画、做做等方法，大胆、自由地把所见所闻、所感所想的事物表现出来，体验造型活动的乐趣。	尝试不同工具，用身边容易找到的各种媒材，通过看看、想想、画画、做做等方法进行简单组合和装饰，体验设计制作活动的乐趣。	观赏自然和各类美术作品的形与色，能用简短的话语大胆表达自己的感受。	采用造型游戏的方式进行无主题或有主题的想象、创作、表演和展示。

（续表）

	造型·表现	设计·应用	欣赏·评述	结合·探索
第二学段三至四年级	初步认识形、色与肌理等美术语言，学习使用各种工具，体验不同媒材的效果，通过看看、画画、做做等方法表现所见所闻、所感所想的事物，激发丰富的想象力与创造愿望。	学习对比与和谐、对称与均衡等组合原理，了解一些简易的创意和手工制作的方法，进行简单的设计和装饰，感受设计制作与其他美术活动的区别。	观赏自然和各种美术作品的形、色与质感，能用口头或书面语言对欣赏对象进行描述，说出其特色，表达自己的感受	采用造型游戏的方式，结合语文、音乐等课程内容，进行美术创作、表演和展示，并能表述自己的创作意图。
第三学段五至六年级	运用形、色、肌理和空间等美术语言，以描绘和立体造型的方法，选择适合于自己的工具、材料，记录与表现所见所闻、所感所想的事物，发展美术构思与创作的能力，传递自己的思想和情感。	运用对比与和谐、对称与均衡、节奏与韵律等组合原理，了解一些简单的创意、设计方法和媒材的加工方法，进行设计和装饰，美化身边的环境。	欣赏、认识自然美和美术作品的材料、形式与内容等特征，通过描述、分析与讨论等方式，了解美术表现的多样性，能用一些简单的美术语言，表达自己对美术作品的感受和理解。	结合学校和社区的活动，以美术与科学课程和其他课程的知识、技能和结合的方式，进行展示，体会美术与环境及传统文化的关系。
第四学段七至九年级	有意图地动用形、色、肌理、空间和明暗等美术语言，选择恰当的工具、材料，以绘画和雕塑等形式探索不同的创作方法，发展具有个性的表现能力，传递自己的思想和情感。	了解主要的设计类别、功能、运用对比与和谐、对称与均衡、节奏与韵律、多样与统一等组合原理，利用媒材特性，进行创意和设计，美化生活，形成初步的设计意识。	多角度欣赏和认识自然美和美术作品的材质、形式和内容特征，获得初步的审美经验和鉴赏能力，初步了解中外美术作品和美术现象进行简短评述。	调查、了解美术与传统文化及环境的关系，用美术的手段进行记录、规划与制作；通过跨学科学习，理解共同的主题和共通的原理。

（四）普通高中美术课程的性质

《普通高中美术课程标准（实验）》［下和《全日制义务教育美术课程标准（实验稿）》合并简称《美术课程标准》］。强调美术课程是普通高中课程的组成部分之一，是艺术学习领域中的必修课程。突出普通高中美术课程具有人文学科的特征，能够帮助学生实现如下价值：陶冶审美情操，提高生活品质；传承文化艺术，弘扬人文精神；激发创新精神，增强实践能力；调节心理状态，促进身心健康；拓宽发展空间，有益人生规划。

（五）普通高中美术课程理念

体现时代性、基础性和选择性，满足发展的需求；理解祖国优秀艺术，尊重世界多元文化；注重学习方法和过程，提高美术素养；强调创新精神，培养解决问题的能力；提倡质性评价，促进个性发展。

（六）普通高中美术课程目标

第一，深入理解造型语言，了解美术创作的过程与方法，创造性地进行表现、设计或制作，表达自己的思想和情感以及美化生活。

第二，学会描述、分析、解释、评价美术作品和美术现象的方法，获得有关的美术知识，理解美术作品的文化的多样性。

第三，陶冶情操，热爱祖国优秀的传统文化，尊重并理解世界文化的多样性。

第四，学会通过多种渠道收集有关信息，学会用美术的方式或结合其他方式解决学习和生活中的问题。

第五，学会运用美术展示的知识和方法，有创意地展现美术学习的成果，增强自我表达的意识，学会自我评价，学会评价他人美术学习的成果。

第六，通过以视觉艺术为主的艺术交流，架起与他人思想和情感沟通的桥梁。

第三节 | 美术教材

美术教材是根据《美术课程标准》提出的课程目标、内容标准和施教建议，选编和组织具有一定范围和深度的美术知识和技能的体系，是美术课程的重要载体。随着美术教育改革的深入，国家不再统一规定教材，而是由各省（自治区）市组织编写，同时鼓励开发乡土教材。这一方面促使了教材走向多元化时期，仅到 2000 年底，经教育部批准的中小学美教材就达 68 套，另一方面，促使更多的教师参与到教材建设工程，教材与教师的关系更加密切。现在，中小学美术教师不仅参与教材的选订，还可以在使用过程中加以改进和创新，可以自编教材。

教材建设总体上呈现三个趋势：一是一纲多本的趋势，教材编写呈现前所未有的开放性和多样性。二是综合化趋势，教材基本取向“纵横博取、互相渗透、淡化画种、综合发展”。三是编写模式的多元化趋势，教材设计与编写方式多种多样，如造型要素式、学科技能式、课题审美式、人文课题式等。

一、教材的性质和功能

教材有广义和狭义之分。广义的教材指用于学校教学的所有媒体材料，包括教科书和各种配合教科书使用的印刷资料、多媒体音像资料，以及通过网络形式呈现的教学资料；狭义的教材主要指教科书。

在课程改革中，我们应当建立“教材系列”的概念，作为一个学科，教材不仅仅限于教科书。教材是根据各科教学的需求而编写或选定的教科书、讲义、讲授提纲、参考资料等的总称。教科书是依据学科教学要求编写的供教学使用的正式课本，由国家或地方教育行政部门审定，是教师讲授和学生学习的基本依据。由于教科书在教学过程中的重要地位，我们所说的教材主要是指教科书。

二、美术教材编写的原则

关于美术教材的编写问题《美术课程标准》中有明确的规定。其主要精神可以概括为两点：一是要有时代感；二是要以学生的发展为本。时代感指的是教材的编写一定要体现课程改革的精神，同时也要充分展示当代社会、政治、文化、科技的特点，教科书的结构和版式设计要有现代意识和设计感。以学生发展为本，即必须适合学生身心发展的特点，贴近学生的生活，有利于发挥学生的创造性。因此，美术教材编写必须遵循下列原则：

（一）思想性与审美性统一原则

美术属于意识形态范畴，是社会经济、文化的综合反映。美术教育的目的是发展学生的综合素质，尤其是审美素质，促进学生人格完善。这就要求教材编写必须有利于培养学生良好的思想品德，利于形成学生健康向上的审美情操，达到思想性与审美性的统一。

（二）学科性与人文性统一原则

美术学科虽然实践性强，技能训练多，但其人文性不可忽视，在传授美术知识与技能的同时，必须融入历史、文化等相关人文知识，让学生在学习美术知识技能的过程中感受人文精神。教材编写要认识到学科是形，人文性则是神，要以人文精神为内核设计或课题，做到神形兼备，达到学科性与人文性的统一。

（三）体验性和探究性统一原则

编写教材要从符合学生的需要出发，教材内容要贴近学生理和心理，能引起学生的学习兴趣，使学生能够愉快学习。就是说教材内容与学生的生活经验要紧密结合。只有当学生在学习中体验到乐趣时，才会产生学习美术的兴趣。所以教材要按照让学生自己寻找作画方法，主动尝试用“美术”美化生活的思路来设计内容；要能让学生产生疑问，形成好奇心，进而自觉进行探究活动。

（四）经典性和乡土性统一原则

教材内容应选择具有典型性、代表性作品，选择具有前沿性的美术知识，以确保教材整体的学术水平以及时代性，体现当代教育价值。同时，又要吸收与本地文化关联度高、人们喜闻乐见的实用的美术作品，引导学生把美术作品与美化生活结合起来。

因此，教材既要有经典色彩，又要有乡土气息。

（五）基础性和提高性统一原则

教材选编的内容应适应绝大多数学生的学习，不难、不偏，学生通过学习，美术素质都能够得到提高。同时要考虑到美术基础较好，愿意在美术方面继续提发展的学生。所以，教材内容设计要有梯度，给每个学生有一个提高的起点和自由发展空间。

另外，编写教材要考虑到现有的教学条件，即学校的基本设施，教师的基本能力，学生能够具有的基本学习材料等，还要给教师创新性教学留有空间。

三、选用教材的标准

如果说教材的编写与普通教师尚且有距离，那么，选择教材则是每个教师的责任。过去，教师没有选择教材的机会，也就没有比较和评价教材必要。随着“一标多本”教材建设制度的推行，教材审查制度开始建立，选用教材权力交给了教师。面对五花八门的美术教材，教师应该具备相应的评估教材的能力，才能够担负起自主选用教材责任。

选择教材就是分析评估备选教材的特色和优点、弱点和不足。对教材进行分析评估的前提，是要有个相应的评价标准，即必须确定教材分析评估的维度和理念，就是说，从什么角度出发提出问题、收集资料进行分析，以什么理念、尺度来衡量、评估教材的质量。美术教材评价的内容具体包括课题内容、社会内容、可读性、教学设计等方面。对教材内容的评价，首要是看课题内容、社会内容是否覆盖了“要教”的内容。可读性的评价就是看教材是否体现适应性、连贯性和相对的统一性。教学设计的评价则是看教材能否更好体现出美术学科的特点及其呈现方式怎样。更具体的讲，要把握以下几个标准：

（一）知识维度

作为学生获取美术知识的资源和学习的工具，美术教材应该以促进学生发展为出发点，教学内容具有综合性，兼顾基础性、实践性和开放性，适合全体学生的全面发展。

（二）文化内涵维度

美术教材应体现和反映本民族文化（包括本地区）和世界文化两个层面，展示美术作为人类文化的成果，能运用美术形式传递思想和文化，让学生熟悉美术的媒体和形式，理解和运用视觉语言，更多地介入信息交流；通过学习，懂得尊重其他文化并善于吸收其营养，理解、热爱并能传承本民族文化。

（三）组织表达方式维度

教材在内容的选取和组织表达的方式上，遵从人类认识事物的规律以及教育的规律，充分考虑到学生是学习的主体，能培养学生的主体性、创造性及参与意识。

（四）编制水平维度

教材的呈现方式应是与时代同步的。范图质量、版式设计能体现当代出版印刷科技水平，并能突出美术教材图文并茂的特点。

（五）适应维度

教材的使用过程不仅与教材本身有关，还与当地教学环境、师资水平及学生情况有关。所以，教材应贴近学生生活和学习的实际，贴近学校教学条件实际，贴近教师专业水平实际。

概而言之，分析与评价的标准最终必须有利于素质教育目标的落实，有利于《美术课程标准》的实施，有利于学生的自主学习，有利于教师组织教学，有利于教材的多样化。虽说教材不是学生学习的全部内容，但它毕竟是学生学习的主要的基本的内容，是教学最主要的、最基本的依据，因此，选择教材的时候应该十分慎重，对此，我们将在《美术课程评价》一章中作进一步阐述。

第四节 | 美术课程内容

《美术课程标准》对美术课程的内容作了划分，规定义务教育阶段为四个领域："造型·表现"、"设计·应用"、"欣赏·评述"和"综合·探索"。普通高中为五个模块："美术鉴赏"、"绘画·雕塑"、"设计·工艺"，"书法·篆刻"、"现代媒体艺术"。这是对过去《美术大纲》的重大突破。

一、造型·表现

（一）造型与表现的基本内容

"造型·表现"是容纳美术学科各种门类的主要学习内容，占全部课程比例最重。该部分内容的教学是实现美术课程目标的最主要途经。因为学生形象思维能力的开发、创造力的培养、基本审美素养的提高，都有赖于造型与表现能力的培养。它以训练美术基本技能和造型的基本方法为起点，也为学生学习其他美术课程内容奠定基础，为学生有效表达个性化的情感和观念提供了可能。

造型与表现涉及的具体内容很多，总体上可分两大类：绘画和雕塑。绘画是美术的最主要门类，它包括中国山水画、中国花鸟画、中国人物画、油画、水彩画、水粉画和素描等等。雕塑有两种形式：圆雕塑和浮雕，从材料上又可分为泥雕塑、石雕塑、纸雕塑等等。

这里还涉及许多技法的学习。掌握较全面扎实的美术基本技法、技能，是美术造型与表现的前提，而临摹、想象和写生是学习美术基本技法、技能的主要方式。临摹是艺术入门的钥匙，通过临摹学习，借鉴、体验他人创造艺术的过程，学习他人的造型方法和技巧，从而提高自己的造型能力；想象是开发创造力的重要途径，尤其幼儿至小学学段，它应该是美术训练的主要形式；写生，面对实物实景和真人进行描绘，能够学会美术观察方法，训练眼手脑协调能力和美术表现能力。

（二）造型与表现的基本语言

造型与表现存在许多风格和特色，如：写实与写意、具象与抽象、变形与装饰等。而中小学生学习的重点是了解和掌握最基本的造型语言，它包括：

1. 线条造型的语言。线条作为最简洁的造型语言，在人们的视觉经验中确实存在。高空俯视长江，就像一条蜿蜒的长线，站在江岸看江面的波纹，则是无数流动的曲线；远望白杨舒展的枝干，是参差错落的线的组合，近观一片树叶的经脉，是疏密有序的线组织……自然界中线的视觉感受无处不在，它为美术造型线条的表现提供了丰富的素材。但是，自然界的线和美术造型的线是有差异的。自然界的线是物，美术造型的线则具有两重属性，即物态性和情感性。物态性，是指“它划分轮廓、分界空间的功能”；情感性，是指“它的节奏、律动诉诸视觉而产生的情感调节功能”。[①] 就是说美术造型的线条不仅是界定物象轮廓或形体的工具，而且是书写“胸中逸气”的手段，具有审美功能。

线条是儿童表现物质世界和思想感情的常用语言。各版本中小学美术教材中都编排了线条造型的课题，而且几乎每年级都有，只是具体教学目标有不同侧重。如，训练线的控制力、线性感受与认知、线的图形表达、线的结构与透视表现等等。

线条可以表现丰富的自然万象和人的精神世界。线条不是儿童专用的美术造型语言，也不是中国画的专利，即使是西洋画，也是以线构形，然后才进入体与面的塑造的。所以，线造型几乎贯穿“造型·表现”学习领域的全部。

2. 形体造型的语言。形是造型艺术最基本的语言，更是造型的基本元素，形在不同空间构建在一起形成体，没有形体，造型便无从谈起。人通过感知物象的外轮廓认识其存在。“形状，是眼睛所把握的形体的基本特征之一，它涉及的是除了物体在空间的位置和方向等性质以外的那种外部形象”[②]。可见，造型中构图、空间、色彩等都是在解决了形的问题之后延展开来的。在中小学，形体造型语言的训练是渐次展开的。小学低年级是训练辨别形状的差异，即学习视觉比较的方法，获得“比较观察”的能力，然后认识和描绘基本图形。小学高年级，对形体结构表现的教学被提上了日程。初中又在“形的再现”教学基础上更加注重“形的创造”的教学，即训练在写实范畴之外通过变形和想象创造新的形态。

形是由被视为轮廓的线封闭而成的，线条移动的轨迹变化是无限的，形的形态也是无限的，从这个意义上说，线作为造型语言是极其丰富的。

3. 色彩造型的语言。色彩在造型诸语言中的地位是不言而喻的。从视觉审美的主

---

① 蒋良．美术的教学选择．长沙：湖南美术出版社，1998：200.

② 【美】阿恩海姆．艺术与视知觉．北京：中国社会科学出版社，1984：56.

体出发，视觉感知对象在情感活跃的条件下，先入为主的往往是色彩。“在理性判断能力尚未开发的低幼儿童中，在被刺激下可以产生强烈的色彩感受，是应当首先出现在他们审美视野当中。”① 阿恩海姆曾说：“一切视觉表象都是由色彩和亮度产生的。那界定形状的轮廓线，是眼睛区分几个亮度和色彩方面都截然不同的区域时推导出来的。组成三度形状的重要因素是光线和阴影，而光线和阴影与色彩和亮度又是同宗。即使在线描画中，也只有通过墨迹与纸张之间亮度和色彩的差异，才能把形体的形状显现出来。”② 所以，色彩语言的训练既迎合儿童的心理需求，又合乎造型艺术语言互相依附的特性，是中小学美术教育应该交给学生的一种基本造型语言。

中小学生学习色彩造型语言，主要是学习用色相、明度、冷暖等表现不同物象在一定环境中的形态的方法，并表达出自己的色彩感受。色彩语言比线条语言更具有个性化，厚画、薄画、叠加画，还有笔触变化等不仅能恰当地塑造物象不同的质感，而且能传达画家不同的审美追求，给人不同的美感。如，印象派画家们就十分注重运用笔触，充分展现笔触的表现力和光色变化，而古典画派更注重“素描关系”，追求明暗关系以及真实感与体积感。

4. 明暗造型的语言。明暗对于造型的重要性就是能塑造强烈的体积感和空间感。明暗是受光产生的，与光同在。一般情况下，人们不太注意光影的存在，但又无时不被光影左右。谁都有“随着光线的减弱，物象在眼前慢慢隐去”的视觉经验，从视觉上可以说，没有光就没有物象。物象受光以后，不仅靠反射光的强弱呈现出不同程度的明亮而为视觉所感知，而且因物象表面结受光角度不同而产生的明暗变化，为视觉所感知。这其实就是明暗对于造型的意义。然而，明暗与体积的表现在中小学造型技能训练体系中处于从属位置，需要学生做到的，是感知物象明暗变化规律，丰富视觉经验。

5. 泥造型的语言。泥塑是中小学生喜爱的课程。这种语言的特点在于捏塑出形象的体积感，因此对于帮助学生理解体积和动手制作能力的发展具有独特的价值。泥塑技能的训练可分为泥板卷曲成型、泥板镶接成型、捏塑成型等等。这些造型语言可以根据具体的制作内容选择使用，比如动物形象适合捏塑，笔筒适合用泥板卷曲制作。中学生在掌握团、压、捏、搓等泥工基本制作方法的基础上，还要掌握雕、刻等技能方法。

6. 纸造型的语言。纸造型是运用平面的纸，通过撕、剪、折、贴、编等基本技能和方法进行造型。它可分成平面造型和立体造型两大类。平面造型有撕纸画、剪纸、刻纸等，立体造型有折纸、叠纸、卷纸等。另外，纸的厚薄、颜色、表面光滑或粗糙等质感会给人不同的审美感受。所以纸造型题材很受学生欢迎。

（三）造型与表现的理论知识

1. 色彩理论。色彩不仅是创作的重要手段，也是表达情感的重要手段。色彩的基

① 蒋良．美术的教学选择．长沙：湖南美术出版社，1998：454.

② 同上，第233页。

础知识主要是色彩的色相、明度、纯度、冷暖等。

色彩的色相、明度、纯度被称为色彩的三要素。色相指的是色彩的外相，即一个色彩区别于另一个色彩的表象特征。它是在不同波长的光的照射下，人的眼睛所感觉到的不同的颜色，如红色、黄色、蓝色等。明度指的是色彩的明暗深浅程度，不同的颜色具有不同的明度，如紫色明度最低、黄色明度最浅。纯度又叫彩度，指的是色彩的鲜艳程度或饱和程度，即一个颜色含某种色味的多少，如大红色（不含任何其他色味）就比朱红色（含有黄味）纯度高。

由于人对色彩有一定的经验感受，通过这种感受经验会产生不同的联想，换句话说，不同的色彩能引起人不同的生理和心理感应，产生如冷暖、轻重、软硬、远近、膨胀与收缩等不同的感受。色彩还具有一定的表情性和寓意性，如红色象征热烈、奔放，同时给人暖的感觉。蓝色象征平静、理智，绿色象征安全、和平，同时给人冷的感觉。等等。需要注意的是，色彩的这些属性在绘画和设计应用中存在很大区别，绘画注重真实性，设计强调功能性。

2. 构图知识。“构图就是对形式的组织，绘画就是使形式本身成形”[①]。就是把各种不同的因素用装饰的方法按画家的意图安排的艺术。图涉及许多形式法则，不同的构图形式因画家的风格及表现内容的多样性而各有特点，但同时又体现出一定的规律。“金字塔”构图给人稳定的感觉，可表现一种高大与坚忍不拔的精神；“水平式”的构图给人开阔的感觉，可表现宁静平和的意境。一幅画采用不同的构图形式会表现出不同的审美取向，印象派画家通常把构图当做自己的感受的一种表达方式，八大山人通过“奇”、“险”、“冷”的构图，表现自己痛失国家的悲愤和不屈的精神。

构图在中国画叫做章法、布局或经营位置。较之于西方绘画，中国画构图不局限于特定的时间和空间，而是画家根据自己的感受和需要进行疏密、开合、呼应、虚实等艺术处理，谋篇布局。

3. 透视知识。透视是绘画活动中的观察方法和研究视觉画面空间的专业术语。通过这种方法可以归纳出视觉空间的变化规律，是重要的美术基础知识。客观物体在自然空间占据位置、大小等反映在人的眼里会产生有规律的变化，如实际空间中同等大小的物体反映在眼里就会变为近大远小，这就是透视变化的结果。西方绘画就是按这种透视变化塑造出“真实的空间感”。中国画则是按“以大观小、以远观近、以上观下”的超时空的透视法塑造空间感。前者称焦点透视，包括平行透视和成角透视两种情形；后者称散点透视，包括高远、平远、深远三种情形。

透视对于绘画的真正意义是使画面有了真实的空间感。少年儿童能在平面的纸上描绘出生动逼真的物象空间关系，需要经过较长时间的训练，从画出有立体感的单个物象到表现物象互相遮挡关系，从对“近大远小”的认识到对“近高远低”或“近低远高”的理解，时间要跨过整个中小学阶段。教师应培养学生从感性认识开始，逐步运用透视现象表现空间，不必探究其深奥的理论。

---

① 【英】克莱夫·贝尔．艺术．北京：中国文联出版社，1984：158.

二、设计·应用

设计作为一种人类有意识的活动，其含义是“在正式做某项工作之前，根据一定的目的要求，预先制定方法、图样”等[①]。狭义上说，专指艺术设计活动。它不仅追求外表和形式上的美，而且追求实际功效，即美观与实用相统一。“设计·应用”学习领域中的“设计”包含了工艺的内涵，即“以美术技巧制成各种与实用结合并有一定审美价值的产品”[②] 的学习内容。在这个学习领域，学生要懂得设计方案或设计产品更多的是要考虑他人的需要和实际应用价值，而不是创造者个人的思想和情感的自由表达，要有“物以致用”的设计理念，要发展创新意识和创造能力，感受不同材料的特性，要提高动手能力。此外，还应了解艺术形式美与设计功能的统一，提高对周边生活环境的审美评价能力，激发美化生活的愿望，养成计划周全、耐心细致、持之以恒的行为习惯和工作态度。

“设计·应用”学习领域的具体内容非常丰富，主要有现代设计基础、传统工艺美术两部分组成。现代设计包括室内设计、景观设计、广告设计、服装设计、视觉传达设计、平面构成、色彩构成、立体构成、电脑美术设计等；传统工艺美术主要包括基础图案、金属工艺、竹木工艺、编结工艺、纤维工艺、纸工艺等。

三、欣赏·评述

欣赏与评述，或者说鉴赏与批评是一个整体，是运用感知、经验对美术作品进行感受、体验、联想、分析和判断，在理解美术作品和美术现象的教学活动中获得审美享受。欣赏过程往往是运用一定的知识经验，参照一定的价值标准，对其表现手法、思想主题等进行评述的过程。欣赏不是单项和孤立的行为，而是在群体互动和交流的情境中进行的。欣赏与评述活动不仅仅限于欣赏课的教学，如绘画等其他课的教学过程中往往也渗透欣赏与评述活动。

欣赏与评述突出体现美术课程的人文性，对促进学生的全面发展具有重要意义。第一，它能帮助学生增长艺术知识，开阔视野，优化智能结构。第二，它能培养学生健康良好、积极向上的审美情趣，养成深入细致地观察社会和自然的习惯。第三，能够在潜移默化中陶冶学生的道德情操，丰富他们的情感，形成科学的人生观和价值观。

“欣赏·评述”学习领域涉及的知识面很广，有美术史方面的，如中外各时期典型的美术作品，美术各流派的典型样式和风格等；有当代美术动态方面的，如当代美术审美趋向和价值取向，当代美术热点问题和发展状况等。美术作品作为一种文化产品，总是能反映当时的社会经济、文化、生活，甚至政治、军事状况。作为艺术家的精神产品，总能折射出其个人的世界观、审美观，甚至其同时代人的共同审美倾向。所以，

---

① 现代汉语词典．北京：商务印书馆，1982：1003.

② 孙乃树，程明太．新编美术教学论．上海：华东师范大学出版社，2006：100.

欣赏与评述美术作品是这里的重点，它对学生审美素养的全面提高有直接的影响。

四、综合·探索

“综合·探索”学习领域的设置是《美术课程标准》的亮点，也是对教学内容的重大创新，它不仅把美术课程几个领域知识联系起来，训练学生综合运用美术知识、美术技能为生活服务的能力，而且跨越学科界限，训练学生综合解决问题能力。它转变了以往美术学习的观念，学习范围不再局限于美术自身领域，而是在人文的背景下，和其他学科融合，不再仅仅通过学习提高美术表现力，而是获得用美术知识、技能解决生活实际问题的能力。

“综合·探索”学习领域具体内容涉及三个层面。一是融本学科各学习领域为一体的综合；二是美术与其他学科相综合；三是美术与现实生活相联系。三个层面是一个有机整体，教师要根据教学具体内容逐层分析，吃透教材，理解并把握该课教学目标，引导学生积极探索，提高美术综合创作能力和用美术知识技能解决实际问题能力。

五、高中美术课程的基本内容

高中美术课程分成五个模块：美术鉴赏、绘画与雕塑、设计与工艺、书法与篆刻、现代媒体艺术。每个模块又有相应具体的学习内容。

1. 美术鉴赏

即学习美术鉴赏基础和美术鉴赏方法。能够用多种方法（如利用现代信息技术）收集美术信息，对古今中外的优秀美术作品进行美学特点分析，并展开相应的讨论和评价；知道中外美术的主要风格、流派发展的大体脉络；能在文化情境中认识美术；热爱祖国优秀传统文化，尊重世界多元文化。

2. 绘画与雕塑

该模块的学习内容与义务教育阶段的“造型与表现”内容基本一样，但教学目标有所不同。高中绘画和雕塑的教学是要让学生能够恰当地使用绘画和雕塑术语评论中外绘画作品或雕塑作品；灵活运用各种材料，表达自己的情感和思想；以多种形式大胆展示和交流。在研究性学习中，学会处理绘画、雕塑与其他学科相关的问题。

3. 设计与工艺

该模块涉及现代设计领域中最主要的设计类别和常见易行的工艺制作。教学目标是让学生以自己的观点评论中外两件以上的设计作品或工艺作品；了解设计基础和主要设计类别的常识和基本技法，建立初步的设计意识；灵活选用身边的材料，有创意地完成一件以上的设计作品或工艺作品；以多种形式大胆展示和交流。

4. 书法与篆刻

在这个模块里面，学生要鉴赏、学习优秀的书法、篆刻作品；了解中国书法、篆刻艺术发展历史；了解传统的笔法、章法、篆法和刻法等技术与表现形式，并进行实践，表达自己的思想和个性；评价自己和他人的书法、篆刻作品。通过教学，学生能识别三种以上书体，了解我国书法发展的基本轨迹及其与传统文化的关系；初步掌握一种书体的书写规范或篆刻的一般刻法，创作两种以上的书法或篆刻作品，表达自己的思想和个性；能够对自己和他人的书法作品或篆刻作品作出评价。

5. 现代媒体

现代媒体的学习方面，主要是学习摄影、电脑绘画与电脑设计基础知识，通过学习能恰当评论中外两种以上的现代媒体艺术作品，能独立操作现代媒体设备和使用相应软件，完成两件以上现代媒体艺术作品，表达自己的情感和思想。

思考与练习

1. 什么是课程目标？
2. 美术课程目标中教学目的和教学内容有什么关系？
3. 自编教材应注意哪些问题？
4. 中小学美术课程有哪些模块构成的？

第三章 中小学美术教学原则与模式

教学原则和教学模式，是美术教学论的重要组成部分。美术教学既要遵守循序渐进等教育学的普遍性原则，更要依据美术课程自身的和特点，探索适合本学科教学的原则，构建适合本学科的教学模式，以利在教学实践中采取相应的教学方法，创造性地开展教学活动。

第一节 | 中小学美术教学原则

教学原则是根据已发现的教学规律和一定的教育目的，对教师和教育工作者提出的在教学过程中必须遵守的基本要求。它既指导教师的教，也指导学生的学。

一、视觉性原则

美术是视觉艺术，这是它与音乐、舞蹈、戏剧等其他艺术最本质的区别，也是美术教育的特殊价值所在。由于视觉艺术涉及人类意识中其他任何学科都无从涉及的方面，即对于视觉形象的美学思考，所以美术教育的视觉性本质具有重要的教学意义。为了更确切地表达这一课程的本质，世界上有些国家将审美课程称为视觉艺术课。

既然是视觉艺术课，就要充分地体现视觉的特性。我们讲的美术教育功能、教学方法以及技能训练，都应当首先具有视觉性的特点。例如，我们在美术教学中渗透爱国主义教育，陶冶学生情操，但不能是空洞的说教，而是要通过具体视觉形象感染学生，使之产生联想和共鸣。如果脱离视觉去进行美术教育，那就不是真正的美术教育。因此，在教学中，应当提供图片、实物或录像等足够的视觉资料，通过介绍作品构图、色彩、造型所体现的意境、思想，引导学生充分感受，充分发挥美术教育视觉性的优势，丰富视觉信息和视觉思维。当然，课堂上的教学语言是必不可少的，背景音乐也能创设很好的意境，但语言、音乐等必须建立在视觉性或视觉经验的基础之上。若失去了这一基础，那将可能成为语文课、音乐课。

根据美术教育具有视觉性的这一本质特征，美术教学要突出训练学生的视觉能力，即凭眼睛来认识事物感受事物的能力。比如：不用文字资料，通过美术欣赏也能了解有关的文化与历史背景；通过看，提高审美能力，对事物作出美学上的判断，懂得不同种族的文化信息、不同时代艺术的特征、不同画家不同流派的艺术风格，等等。应当意识到，视觉能力的提高在现代社会有着更加特殊的意义。现实生活中，各种视觉形象与符号——汽车、广告、服装、商品包装、居室装修、城市绿化……充斥着我们的视野，无时无刻不在传送着思想、信仰及价值观念，而单靠传统教育中的读、写、算教学已无法满足现代社会快速发展和人们生活快节奏的需要了。可以说，社会越是向前发展，美术的用途就越广，美术教育就越显得重要。

视觉性原则并不排斥使用音响、嗅觉、触摸等手段。但如果能与其他感官有机结合起来，视觉感受往往会更生动、更准确。所以教师在使用这些手段时，要清楚这些只是辅助手段，绝不可本末倒置。在新课程实施开始的这些年，有些教师把舞蹈、游戏引进美术课堂，确实活跃了课堂气氛，优化了教学情境，但有时却削弱甚至失去美术教学的视觉性。所以，必须强调，一些辅助手段的使用是为了强化视觉性原则，过分地使用音乐、游戏和表演，会喧宾夺主，丢掉美术课的特质。

贯彻视觉性原则，要做到：

1. 与教学内容紧密配合，与讲解相结合，并贯彻于教学全过程。

美术教学内容的形象性特别突出。从课题导入到讲授新课内容、传授技法、布置作业、巡回辅导、课堂小结等所有环节，教学都要尽可能为学生提供可视的形象，自始至终都是以形象“说话”。

2. 教学手段要根据教学内容予以正确地选择和恰当地运用。

美术教学可运用的视觉性教学手段很多，除演示之外，还有范画、范作、挂图、实物、模型、参观、幻灯、影视录像等。这些手段的运用，要有示范性、典型性，给人以美感，能激发学生的学习兴趣和表现欲望，加强学生对形象的视觉记忆，但并非越多越好，应该根据教学内容和学生需要恰当选择。

二、审美性原则

美术教育是实施审美教育的重要途径，培养学生的审美能力是现代美术教育的重要任务，审美性是美术教育的重要教学原则。

个体审美能力的发展是审美教育的中心，审美教育的目的是建构与完善学生的审美心理结构，提升审美情感，建立良好的审美态度、审美趣味，具有良好的审美感受力和判断力，学生只有完善审美心理结构（认知、伦理、审美），才会拥有健全的人格以及可持续发展的能力。利用各种可视的形象努力挖掘学生对形式美的感知能力，对美术文化的理解能力和评判能力是审美的责任。

过去，我们常把美术教学看成美术基础知识和美术基本技能的教学（简称“双基”教学），认为“双基”是美术教育的全部内容、美术教育的核心目标。其实，美术教育的根本目的是为了人的发展，“双基”只是美术教学的一部分内容，其教学只是建构学生良好审美心理结构的基本途径，不能完整地体现美术教育的价值。审美性原则要求将审美教育渗透到教学的每一个环节之中。教学设计、课堂讲授、教学评估、作业展示等都应看成是向学生进行审美教育的机会。

说审美教育重要并不意味着轻视“双基”。但必须明确，“双基”是美术教育的手段，不是目的，单纯讲“双基”，往往会使学生感到枯燥乏味。在开展“双基”教学时，要注意让学生通过作品鉴赏、作业练习等，体验和认识结构、造型、线条、色彩、变化、统一、强调、和谐、变异等各种形式美，将“双基”的讲授上升到审美文化的高度，最大限度地激起学生的学习兴趣，让他们从中获得审美教育。譬如，一位教师在上《漂亮的建筑》课时，先引导学生分析建筑造型美在何处，启发学生回忆自己见过的漂亮建筑，然后指导学生创造出理想中的建筑。其中一个女同学画了一座小木屋，从窗户里画出许多五线谱，她解释道，这是主人在听悠扬的音乐。这样的画是儿童心灵的真实写照，她画的是一种情绪，是美的造型、美的色彩，甚至还有美的声音的组合，而不是那种毫无情感的几何图形的拼凑。这样的“双基”教学才是成功教学。

遵循审美性原则还必须看到，学生的审美发展是一个开放的体系，它包含了十分丰富的内容。美，并不是只有优美的外在形态，还应当包括情感方面的形态——美、丑、善、恶、崇高、卑下、悲剧、喜剧、幽默、荒诞等。老师认识到这一点很重要，因为现代社会中，艺术与人类生活的多维联系造成艺术的多元化，使美的形态彻底打破了单一性局面。如果老师教导学生从小就能认识到这一点，将会使他们的心灵更加充实，情感世界更加丰富。

贯彻审美性原则，要做到：

1. 审美要融会于教学的各个方面，贯穿于教学的全过程。

审美性是美术教育的灵魂，教师注意从教学环境的创设到教材的选择，从教学范画、板书设计到批改作业，都能给学生以美的感受。

2. 坚持以马克思主义审美观进行审美教育。

每个人对美的看法不尽相同。"一般地讲，凡是满足人们视觉、味觉、嗅觉、触觉愉悦需要的并与思想意识相符相融的皆以美称之"①。由于人们审美需要的多样性，审美的价值取向有一定的差异，也存在审美品位的高低。教师要坚持以马克思主义审美观进行审美教育，就是承认审美差异，允许各自有不同审美取向，同时坚持只有符合大多数人和社会审美需要的，有利于社会进步和人的精神健康向上的美术作品才是真正美的作品，好的作品。

3. 美育和德育相结合。

德育是学校教育工作的首要任务。美术教学中的德育不同于德育课，它是在教学中融进德育精神，体现在审美教育之中，是以美启真、以美引善、以美怡情。美术教学既要避免脱离"德育"，又要避免生硬的"德育"，而应注意挖掘课程蕴含的德育资源，在教学中加以渗透。

三、实践性原则

实践性原则包含两层意思。第一，再好的教学理念，只有经过教学实践，才会有意义，才会发现不足并得到完善。《美术课程标准》是基础美术教育改革的重大成果，但同样，其理念必须通过教师的教学实践才能变成现实。在这次课程改革（下简称新课改）之初，即实施《美术课程标准》之初，有人提出学生学到什么不是重要的，"重要的是参与"，好像学生只要坐在教室里，"参与"了有舞蹈、音乐情境的美术课，就体现了新课改的精神，但这种表面上热热闹闹甚至华丽的"新课改"只经过了很短的时间就被大多数教师否定了，因为它哗众取宠、画蛇添足，忽视了学生真正的美术实践。这个否定正是"新课改"实践的成果。我们常提教育反思，反思就是对开展过的教学实践进行评价，总结经验，查找不足。

第二，美术教学是一个实践性很强的活动。学生只有通过动手，亲身体验，才能真正获得知识和技能、享受和乐趣；才能把自己的设想变为作品，获得喜悦与成就；

---

① 常锐伦，唐斌．美术学科教育学．北京：人民美术出版社，2007：250.

才能在不断的实践中积累艺术创作的经验，提高欣赏美、表现美、创造美乃至用美服务生活的能力。

人类是靠手的劳作、搬运、仿制走过来的。在电器高度发达、网络普遍使用、机器人走进办公室走进家庭的时代，要警惕人体功能尤其是手的功能的退化而影响人的智力发展。在美术学习过程中，学生通过动手和手眼脑三者的协调，会促进智力发展。此外，实践性原则的意义还体现在：

1. 体验在动手过程中认识事物的乐趣。通常，对事物的认识多数是由眼睛、耳朵、嘴巴直接将信息输送到大脑，通过视觉、听觉、味觉得到的。其实，也有不少事物是通过双手操作的途径体验到的，而且手的操作不仅获得触觉记忆，而且获得运动记忆，它会使我们更具体地体会、发现、认识到事物的真面目，因而更有乐趣。

2. 体验动手表现的成就感。人能够想象，并能通过努力将想象变为现实，即可以将大脑里想到的事物，用手把它制作成现实事物，从而获得成就感。

实践从本质上讲就是创造，所以应当把艺术实践提到艺术创作这样的高度来认识。学习过程中，学生如果能够超越现实，放飞想象，使自己沉醉在艺术创作特有的自由感之中，创造精神和创造能力就会得到培养和提高。教师要多给学生提供实践的机会，以便让他们有较多的时间动手创造。

四、创新性原则

创新，是人的本能，是时代的呼唤，是素质教育重要目标，同时也是学生主体作用的最高体现。美术向来注重创新，只有创新，美术作品才有价值，美术活动才有意义，无论是“倾向于美术本体”[①] 的美术教育，还是“倾向于教育功能”[②] 美术教育，都要体现创新性原则。教师应鼓励学生进行创新，教育他们不仅感知美、理解美，而且还要创造美。

创新性原则要求：在写生教学中，对学生的独到的发现或独特的艺术处理要加以鼓励；在创作教学中，重点启发和鼓励学生新的创意；在设计应用中，要鼓励学生大胆地发现和使用新材料（思路开阔了，就连牙签、瓶盖、曲别针、棉花，都可以成为制作的材料，材料新了，作品也就新了）；在欣赏活动中，鼓励学生不仅要认真“阅读”作品，更要积极地表达自己独特的见解；在“综合·探索”课上，要鼓励学生通过学科的横向联系获得新的创作灵感。

此外，应该注意到民主、平等的师生关系是美术教学中贯彻创造性原则的先决条件。应当把对学生的授课看成是双向的对话，是充满爱心的交流和探讨，而不是单向的“传授”。宽松的课堂气氛，有助于学生把孕育着的创造冲动表现出来。教师应当充分尊重并发展学生的个性，对个性张扬的学生，要相信也许今天的不合时宜，可能正是明天的时尚，眼前的另类可能就是日后的奇才。还应注意向学生介绍多元文化背景

---

① 尹少淳．美术教育学新编．北京：高等教育出版社，2009：52.

② 同上。

下的艺术作品，如中外艺术名作、民间艺术品等，开阔学生的视野，使他们在创作中受到启发，得以借鉴。

五、因材施教原则

因材施教是教育学的普遍原则，而对于美术教学尤为重要。由于学生有各自不同的生活和学习背景，性格、气质、个性存在差异，存在“与生俱来”的审美倾向和绘画习惯，千篇一律的要求不利于调动他们学习的积极性。如果教师能够根据每个学生的特点，有针对性地进行个别辅导与评估，学生的进步就会很快。例如，有的学生造型能力不强，但是偏爱色彩，往往能把鲜艳、明快的色彩对比交织在一起，使画面产生跳跃、斑斓效果，甚至产生幻象，创造出绚丽的色彩画。可是，如果要求他按部就班地遵照明度、线条、形体结构等规律去画，则“画不达意”，根本画不出原来的效果。

我们知道，美术教育的意义绝不只是教学生画几张好画，有些学生虽然造型能力不强，画得不好，但并不妨碍他学习美术的兴趣，也不妨碍他能获得较高的艺术品位。了解学生，针对学生的不同特点，因材施教，使他们在原始基础上都得到发展，是实施美术教学的重要原则。

贯彻因材施教原则要注意:

1. 尊重学生个性

个性，在艺术创作中是创意的基础，独特的发现、独特的材料、独特的技法都源于个性，所以“因材施教”必须建立在尊重学生个性的基础上。针对学生个性差异，在教学要求和评价方面，保持某种弹性，按学生美术水平起点的不同而给予不同层次的要求和评价标准。

2. 抓“领头羊”，以点代面

抓“领头羊”就是抓“尖子作业”，而不是抓“尖子学生”。要及时发现学生作业过程中的每一步骤冒出来的优秀作业，并及时展示，现场评点，引导学生互相借鉴，取长补短。

第二节 | 中小学美术教学模式

教学模式是教学的基本方式，是完成教学任务的基本途径，也称学习模式，是指在相应理论基础上，为达成一定教学目标而构建的稳定的教学结构。

美国人乔伊斯在《教学模式》一书中指出，教学模式的核心是创设一种情境，使学生可以互相影响，教师帮助学生获得信息、思考、技能、思维和表达方式时，也是在教他们如何学习。教学模式的大小和规模是相对的，适用的范围比较广泛，可以针对不同的学习科目、不同的学习领域、不同的具体内容划分得很细。从大的方面分为哲学模式、心理学模式、社会学模式、管理学模式等①。就中小学教学而言，主要依靠课堂教学组织与管理，合理安排教师的教和学生的学，通过严格的目标选择和结果评估等手段来提高单位时间的教学效率。

中小学美术教学模式是在管理学模式和心理学模式框架下，结合美术课程的特点形成的教学的基本方式。

一、讲授与训练模式

（一）讲授

所谓讲授，是指教师运用口头语言，向学生传述事实、描绘现象、解释概念、论证原理和阐明规律。讲授模式有利于连贯而系统地将科学基础知识传授给学生，使学生在较短的时间内获得系统的间接知识；有利于教师在传授学科知识的同时，有计划有目的地对学生进行思想品德教育，提高学生的思想觉悟，陶冶学生的情操，发展学生的能力。讲授模式的构成形式是：讲授—思考—反馈。运用讲授模式，应注意以下几点：

第一，发掘教学内容中的思想性、教育性因素，并做到科学性与思想性相结合。

第二，讲授有较强的系统和逻辑性，由浅入深，由易到难，由具体到抽象，能把新旧知识联系起来，并且能突出重点。

第三，讲授的理论与现实生活特别是学生生活实际相联系。

第四，讲授要富有启发性，讲究语言艺术。教师的语言要明确、生动、简洁，富有情感，辅之以恰当的表情、姿态（肢体语言），能体现个性特点和个人魅力。

第五，讲授要结合板书、范画、示范以及现代化教学媒体，活跃学生感官，力避演变为“演讲”或“说书”。

第六，讲授要具有应变能力，能及时、机敏地处理课堂教学中出现的各类问题。

（二）训练

所谓训练，是指学生在老师的指导下，运用所学的知识独立地进行演练，完成练习和作业。训练模式旨在培养学生的技能、技巧，促进学生观察力、思维力、记忆力和想象力的发展，调动学生的主动性和积极性。训练模式的构成形式是：讲授—练习—辅导—点评。运用训练模式，应注意以下几点：

第一，训练目标要明确。要考虑学生的现有水平、认知能力，从模仿性训练到创造性训练，循序渐进，有计划、有步骤地进行教学。

第二，训练的时间、次数要恰当，训练的速度要适中。训练的性质、种类、难易程度、分量等，要根据学生的年龄、智力水平与技能水平确定。

第三，训练方式要多样化。心理学研究表明，人的思维容易产生定势，具有一定

---

① 钟志贤．大学教学模式改革：教学是设计视域．北京：教育科学出版社，2008.

的惰性。所以，训练时，教师要适当地变换方式，吸引学生的注意力，调动他们的积极思维。

第四，要重视训练反馈，及时进行点评。

讲授与训练是相辅相成的。我们既要讲授美术基础理论，又要训练学生美术技法。技法训练只有在理论的指导下方能正确进行，技法训练又能加强学生对美术理论的理解。因此，美术教学中理论知识的讲授，不是脱离实际训练的空泛的陈述，技能训练也不是机械的操作程序的练习。

（三）精讲善练

"精讲"是指抓住重点、难点，深入浅出地讲授，以使学生掌握要领。"善练"就是在正确理论的指导下，有明确的训练目标，有严格的训练计划、方法、步骤，按质按量地完成规定的学习内容。"善练"有两层意思：一是指教师要善于演练，能熟练地运用各种教具，具有良好的演示能力、娴熟的演示技巧；二是指教师善于训练学生，善于运用各种方法手段指导学生练习。要做到精讲善练，教师讲授理论的时间尽可能少些，把时间留给学生动手实践，提高学生的参与度。此外还要注意：

第一，讲授内容与训练内容紧密结合，力戒"玄谈"，即教师侃侃而谈，学生不知所云，或千言万语却不得其要。

第二，讲中有练，练中有讲。讲授与训练有机结合，贯穿于教学始终。一般先扼要地讲解基本理论和技法要领，同时结合教师的"演练"，然后根据学生练中出现的问题，予以"理论"指导和"技术上"的帮助。

二、临摹与临变的模式

（一）临摹

临摹是指对照范画进行模仿。临摹教学的目的是为了让学生尽快掌握绘画技法，获得审美体验与审美理解。临摹模式可以说是美术技法教学的最基本途径，学习绘画通常都是从临摹开始的。这一教学模式结构是：读画—临摹—反思。临摹教学要把握以下几个方面：

第一，选择"名作"。对于众多的美术绘画临本，教师应该力求去粗存精，选择最优秀绘画作品或技法特点最鲜明的作品作为临本，引导学生向大师学画。

第二，适当解读。在学生临摹时，教师需要较系统地介绍临本的绘画风格、技法特点、创作背景，以提高学生对临本审美内涵、表现特色的理解。在一定程度上，让学生对临本得到"知其所以然"的程度，然后临摹。

第三，重在借鉴。中小学生临摹美术作品，是学习美术技法的间接方法，"不要令他们死临范本，须辅之以鉴赏为目的"[①]。处理好临与"写"的关系，通过临摹，写生

① 陈之佛．儿童图画教育研究．教育丛刊，1934（1）．

能力能有一个明显提高。

（二）临变

临变是指学生在教师指导下，运用已掌握的知识和技法，在临习别人作品的基础上加入自己的想法与理解，对其进行适当的改变与创新。比如参考别人的构图，对个别物象进行置换，或者用此幅画的色彩，用彼幅画造型，将两幅范画进行取舍拼贴。临变就好像把范画当做“创作”对象和素材，范画作用是启发和参考。临变模式的结构是：感知—变化—创新。临变教学要注意：

第一，临变前，教师要提出明确的临变目标要求，指导学生考虑好步骤，有准备、有目的、有计划地进行“创作”。

第二，不断巡回辅导，启发学生想象，鼓励学生创新，及时发现学生富有创意的表现，并给予及时展示和点评。

（三）临摹与临变的辩证关系

临摹和临变都强调实践。临摹是临变的基础，临变是对临摹的深化；临摹可以没有创新，而临变则必须有创新。

三、感受与表现的模式

“感受与表现的模式”是一个从切入到呈现的过程。即：感知—激励—表现的过程。

（一）直观感受

美术之所以被称为“视觉艺术”，就是它具有强烈的直观性。直观性为学生的学习带来无限的乐趣，它使枯燥的概念变得形象生动起来。美术教学就要善于用视觉语言来说话。但直观仅仅是一个外在的影像，只有通过感受才能获得生动的形象。感受才是美术教学要达到目标的第一站。然而，感受什么？怎么感受？则是教学中着重要解决的问题。一般来说，视觉所能看到的一切事物都是美术学习所要感受的内容，如人类、自然、艺术等。感受的核心就是体会、感受和欣赏人与自然物。因此，培养学生感受的能力，是美术教育的重要任务。感受力的培养可以从以下几方面入手：

第一，从整体中感受。整体性地观察事物，是美术观察的基本要求。教师要引导学生以艺术的眼光去观察对象，从整体性的角度去审视对象的造型和色彩。比如云南的石林造型，只有远看即整体地观察时，才能感受到鳞次栉比之美、自然力量之美与造化之美。同样，当我们写生时，首先要从整体出发全面观察，发现和把握整体造型特征。比如画房子，一般总是先画房子外形特征，然后再添加门窗和瓦片等其他结构。法国印象派大师莫奈画了许多里昂大教堂，都是利用了整体性的感受，每一幅所关注的焦点无不是教堂整体色彩在不同时辰的感受或印象，并以色彩表现了教堂的整体气势。

第二，从局部细节中感受。美术作品的精彩往往存在于细节之中。局部和细节是美术学习不容忽视的，因为细节可以使作品丰富多彩，赋予作品深刻的内涵和奇绝的美感。达·芬奇作品《蒙娜丽莎》的微笑，罗中立作品《父亲》汗毛上的汗珠不知打动过多少人，这是细节的诱惑，精彩细节赋予了作品整体的魅力，甚至灵魂。所以，要引导学生从整体感受进入细节感受，再从细节回到整体。没有整体的细节是孤立的，没有细节的整体是空洞的，都难以产生美感。

第三，从材料质地中感受。美术离不开材料，各种材料都可以成为美术媒介；而不同材料的质感往往成为美术作品刻画的重点。因此，学会感受不同材料的质感，是美术学习必备的素养。表现不同对象的质感，是技法训练的重要目标之一。材料的类型很多，质感也很丰富，中小学生只需要掌握几种常见质感的表现技巧：一是光滑材料，在某种特定环境中，光滑给人华滋的美感是无可比拟的；二是粗糙材料，如粗麻布、粗树皮、粗石面、粗纹理等，在某种特定环境中，其美感是非常神奇的；其外，坚硬的、柔软的、透明的、厚重的材料等也是美术作品中传达美感的载体或元素，中小学生应该了解。

第四，从比较中感受。有比较才有鉴别。学会比较就等于学会了美术学习的重要方法。比如高与低、大与小、光滑与粗糙、疏与密、虚与实、远与近、浓重与清淡等各种对比关系，没有这些对比就产生不了美感，甚至创作不出美术作品。

（二）激励欲望

这是“直观感受”通向“表现”的坦途。有了感受并不一定就会主动地去表现，它需要有尝试和体验的欲望，然而欲望是要激发的。因此，教师要采取各种措施不断地激发学生欣赏美和表现美的欲望，并使之保持下去。激发欲望的方式主要有两种：

第一，肯定与鼓励。肯定和鼓励对学生对来说至关重要，尤其是在学习遇到了困难时候，可能会出现心理焦虑，产生厌学弃学情绪，对学习没有信心，此时，教师的肯定和鼓励非常重要。教师要积极寻找学生的“亮点”，用肯定满足他们的成就感，用鼓励帮助他们树立继续前行的信心。

第二，代笔与补笔。学习的欲望往往来自对结果的期待，来自对以往成功的体味，心理学上叫“高峰体验”。教师应在恰当的时候，帮助学生得到他们期待的结果，或通过示范性质的局部代画，或通过补笔修改，让学生在欣赏自己作品的喜悦中自然生发学习美术的兴趣与表现的欲望。

（三）引导表现

感受的目的一方面是直接获得美感，另一方面是为了更好表现艺术美。所以，学生表现能力的提高自然成为美术教学一个直接的基本的目标。提高表现能力要注意三点：

第一，先易后难，大胆尝试。先易后难符合学生的认知规律和教育的一般规律。大胆尝试意味着鼓励学生放手去画，不怕失败，给学生创造一个宽松的学习氛围。

第二，不求完美，但求投入。追求完美虽然是一个美好愿望，但对学生而言往往并不现实。愿望过强，往往失望就越大，很容易挫伤积极性。老师应着重要求学生态度认真，方法正确，勤奋实践，积极探索，而不要总是制定硬性标准来做“规范”要求。

四、课题讨论模式

课题讨论模式在教学中的运用为探究性教学开辟了一条有效的途径，它是从问题出发，通过讨论、探究而解决问题的一种教学方式。其结构形式是：课题—讨论—结论。

（一）课题

课题是事先选择和确定的一个具有研究性的命题，是展开讨论或进行创作的主题。运用课题模式要做好以下几点：

第一，课题选择应该有学生的参与，只有学生对课题感兴趣才会主动去探究，才会做好。老师做好“题库”的建设工作后，注意把选题的权力交给学生。

第二，老师在建设“题库”时要从教学和学生两方面的实际出发，难易适度并有可选择性。既让学生有话可说，又有一定的现实意义。

第三，学生在做课题的过程中，教师的主要任务是教给学生简单的研究方法，培养学生研究性学习的习惯和能力。

（二）讨论

讨论是学生在老师指导下，为认识、解决、探讨某个问题而进行议论，以辨明是非曲直，获得正确或一致的结论。讨论有利于启迪智慧、发展思维，有利于调动学生学习积极性，也有利于活跃课堂气氛。运用讨论模式要做到以下几点：

第一，设计好讨论的方向。教师应引导学生循序渐进地从小到大，有浅入深地开展讨论，讨论要有依据有意义有价值。

第二，把握好讨论过程。教师既要掌握讨论的时间与节奏，又要把握讨论能围绕主题，既要鼓励学生积极发言，各抒己见，又要组织学生认真归纳，形成结论。

第三，讨论形式要灵活多样。讨论可以分组开展，也可以全班集体进行；可以用辩论的形式，也可以主题发言的形式进行；可以由教师主持，也可以由学生主持。

课题与讨论事实上是互为关联的，因为讨论必须有个命题存在，做课题又少不了讨论。课题与讨论模式可以说是探究性学习的精髓，即让学生在认知活动中发现问题、提出问题、处理问题、解决问题。

五、欣赏与批评的模式

欣赏与评价是美术教学中培养学生审美文化与思辨能力的重要学习内容。教学基本模式为：感知形象—分析探讨—审美评价。

（一）欣赏

欣赏是个体对美术作品接受的态度，或者说是对审美对象赏心悦目的反映。美术欣赏课可以分为审美欣赏和评鉴欣赏两种。

审美欣赏，了解中外优秀美术的多元化与艺术风格的多样性，理解美术原理、形式美的规律，领悟经典作品的艺术思想、审美特征和艺术价值。审美欣赏教学应围绕一个主题，以直观形象为引导，启发学生感受、联想，进行审美体验，逐步加深对美术及其作品的理解，逐步领悟其中的美感和审美趣味。审美欣赏课的教学程序大致可分为直观感受、内容介绍、审美引导、综合评述四个步骤。

评鉴欣赏，是指对现当代美术现象、人们不易理解的美术作品，以美术批评、评鉴为主开展的美术教学活动。这是将学术界的美术批评引进欣赏课教学的教学方法。学生审美能力的提高，不仅来自于美术技能训练中获得的形式美的体验和对艺术的感受，以及对美术作品的理解，也来自于对现当代美术创作和实践的了解与学习，以及对现当代美术作品的理解和审美判断。评鉴欣赏一般是直面美术作品，从形式、形象的感受分析开始，结合背景介绍，讨论作品的意图、意义，对其进行审美评价。评鉴欣赏的教学程序大致可分为直观感受、背景材料、分析探讨、意义理解、审美评价五个步骤。

上好欣赏课，要注意以下几点：

第一，尽量选择经典、名家或具有代表性的美术作品。教师不能因为自身的喜好局限于某一画家或某一画派，而应以包容的审美态度多角度地选择美术作品。

第二，欣赏课教学应该注意渗透思想品德教育，多选择具有民族文化特色或思想教育价值的美术作品，“授业与传道”相统一，培养学生高尚的思想品德和高尚的人格。

第三，欣赏建筑、工艺设计、工业设计等实用性美术作品时，应该注意让学生将作品的外在形式与实用功能联系起来，与生活联系起来，不仅认识其审美价值，而且认识其使用价值。

第四，应着力于引导学生根据自己的知识和经验去观察、感受和分析作品，并阐明真情实感，同时自己也要参与其中，谈感受、谈认识，与学生分享美感，交流思想。

第五，鲁迅说：“一千个观众就有一千个哈姆雷特。”这是艺术欣赏的共性。对于美术作品，学生会产生各种看法。由于学生的经验、认识能力所限，看法难免有肤浅或不全面、不正确的地方，对此，不要轻易批评指责，要在尊重学生的“欣赏自由”前提下作适当的“补正”。

（二）批评

美术批评的教学有一定的深度，也有一定难度。它需要艺术、历史、哲学诸多知识的融合。因此，要根据学生不同的年龄层次和知识储备，安排不同的教学内容，采用不同的教学策略。美术批评教学应该注意以下几个方面：

首先，要把美术批评与美术欣赏有机结合起来，在欣赏过程中，要引导和鼓励学生用自己的眼睛去欣赏，根据自己的认识去提问题谈感受，发表自己独到的见解。

其次，批评不是简单的否定，开展批评时应注意文化性和审美性结合。文化性是指通过优秀美术作品的欣赏，提高艺术审美的素养，同时促进对历史、自然、民俗、社会等文化的了解。审美性包括对造型、色彩、构图、比例等诸多美术表现语言的认识与理解，以及画家的笔触变化、独特风格、意境情感等的了解与欣赏。

第三，美术批评要注意深入浅出，由浅入深，逐步培养学生独立思考和分析解决问题的能力。

事实上，欣赏与批评本来就不是孤立的，它们是一个不可分割的整体，欣赏是直接的感受，为批评提供了对象，让我们从中获得话题，引发思考。

六、课内向课外延伸的模式

课内向课外延伸是培养学生创造力的必然要求，也是美术教学的一个重要特点。只有拥有广阔的天空，才能"思接千载，视通万里"，从而获得创造的自由。倘若死待在课堂，死抱着课本，视野就会变得狭隘，思想就会变得僵化，创造力就会日渐枯萎。陶行知先生一再强调要解放孩子的空间。因此，美术教学时空应当拓展延伸，教学活动要从课内延伸到课外，从课堂延伸到生活。课内向课外延伸模式的基本结构是：情境创设—发现探索—主题深化。

课外美术教学是指利用课余时间发展学生美术兴趣和特长的教学活动。《美术课程标准》指出："课外美术活动是学校美术教育的有机组成部分，要积极创造条件，有计划地开展多种形式的课外活动。"课内的美术教学是发展课外美术教学的基础，而课外美术活动会促进课堂美术教学的拓展和提高，两者是相互联系、相互促进、相互提高的。

（一）外出写生

课外美术教学要想跳出纯技能的训练，就应当与创作相结合，而要创作就必须有生活、有体验。因此，可利用节假日，在适宜写生的季节，组织学生在室外进行以风景为主的写生和速写练习，游览名胜古迹，考察当地民俗风情，开阔视野，扩大知识面，增强学生绘画热情。

（二）美化环境

美化校园环境也是美术课堂教学外延的内容。教师要引导学生把课堂上学到的美术知识运用到美化校园环境的活动中。如组织和指导学生开展教室文化布置等，利用学校的围墙开辟"壁画"园地，等等。这样既能美化校园环境，促进校园文化建设，又能使学生提高绘画技能，陶冶情操。

（三）展示自我

在校园开辟一个画廊，经常展示学生的优秀作业。可以以班级为单位组织展览，也可以举办专题性美展（譬如漫画、版画、国画、油画等分批进行展示）。校园文化艺术节的时候，可举办全校学生优秀美术作品展览。对于一些特别好的学生美术作业，还可以长期展挂于学校图书馆、会议室走廊、校长室、教师办公室等地方，既是展示学校美术教育成果，也是给学生的一种荣誉。

（四）开阔眼界

随着现代艺术的发展、国外现当代艺术的进入，艺术呈现出多元和纷繁的新局面。要组织学生外出参观美术作品展览，参观博物馆、美术馆等，接触和了解现当代艺术，开阔美术视野，提高美术鉴赏能力。

（五）参与竞赛

积极创造条件，让学生参与社会上各种青少年美术作品展览或比赛，向报纸杂志投稿。这是学校开展课外美术教学活动的重要方式之一。作品的展出、发表或获奖，对于学生、家长和学校都是极大的鼓舞。它不仅从一个方面表明美术教学得到了社会的认可，而且给学生个人成长与发展带来动力，为美术教育的更好开展赢得更多的支持。但要注意，参展参赛是以自愿为原则，而且不能以此评价学生的美术课业成绩。

（六）开设讲座

学校尤其是中学应重视开展“美术讲座”活动，邀请校外美术教师、艺术家、从事美术工作的家长到学校举办美术讲座，多渠道丰富学生的文化生活，提高学生艺术修养和文化素质。

通过以上多种方式和渠道，打破课堂的界限，把美术教学与生活与社会连接起来，课堂上，能感受到生活的鲜活气息，生活中，能用课堂上学到的知识自我服务，获得美感。实际上这也是对课程资源的深度开发。

思考与练习

1. 如何灵活运用教学原则？
2. 试析美术课教学模式与其他学科教学有什么不同。
3. 谈谈怎样扩展美术教学时空，开发课程资源，提高美术教学效率。

第四章 | 中小学美术教学法

教学方法是师生为完成学科教学任务和实现教学目标，在教学过程中采用的工作方法或手段。

教学方法对实现教学目标有着重要的作用。美术教学的实施、教学原则的贯彻、美术教学模式的选择与运用等，都离不开教学方法。好的教学方法能有效提高学生的学习效果。

教学方法是教师对教学认识与实践经验总结的产物，是师生互动的方法，不仅是教师的教授方法，也包括学生的学习方法，是教学活动过程中教法与学法两方面的统一体。

教学方法一旦形成，便具有相对的独立性。同时，它又随着人们实践的不断加深，认识的提高和教学内外部条件的发展而不断发展。教师要在掌握和熟练运用现有教学方法基础上不断进行改进，总结出自己的教学方法，使教学进入既有法又无法的艺术化境界。

第一节 | 中小学美术常用教学方法

一、以语言传递信息为主的教学方法

（一）讲授法

讲授法是教师通过生动的语言，向学生传递信息、传授系统知识的教学方法。主要是教师讲、学生听。它包括讲述、讲解、讲读等。例如介绍中国画发展历程、介绍美术家生平历史；讲解绘画的方法步骤和手工艺制作过程等。讲授法的优势是知识系统，逻辑性强，照顾面宽，劣势是容易使学生处于被动状态，缺乏感性知识。讲授法要求：

教师所表述的内容要有科学性、思想性和系统性，以给学生符合逻辑的完整的概念；语言要清晰、准确、精练，通俗易懂，富有激情和感染力；要善于洞察学生的反应，及时调整讲授的内容，变换讲授的方式。讲授法可以借助板书、板画等直观的方式，加深学生的印象，促进理解。

运用好讲授法必须有很好的语言表达能力。教学语言是教学信息的主要载体，是教师完成教学任务的主要工具。苏联教育家苏霍姆林斯基说："教师的语言修养在极大程度上决定着学生在课堂上的智力劳动效率。"①

教师的语言修养包含语音、语调、语义、语言逻辑等因素。作为教学语言，教师的讲授应符合以下要求：

1. 教育性。教师在讲授知识的同时，要对学生进行思想、情感和道德品质教育，

① 转引孙乃树，程明太．新编美术教学论．上海：华东师大出版社，2006：135.

尽到育人的责任。而要达到教育性，教师就要做到语言优美，蕴涵思想，饱含感情。

2. 学科性。学科性要求教师必须用美术学科的专门用语进行教学；要处理好通俗语言与学科术语的关系。

3. 科学性。科学性要求教学语言符合学科规范，观点正确，表达准确。

4. 简明性。教学用语的简明性是由教学的特殊性和课堂的特定性决定的。简明，顾名思义就是既要简洁又要明白。它要求教师处理好化繁为简与科学性的关系。如讲色相的概念不能离开物理光学知识，但只能点到为止，无须做详细分析，学生要知道这是一个美术专业术语和基本含义，这才是重点。

5. 可接受性。讲授法的教学效果很大程度上取决于学生对教师的语言是否领悟和接受。为此，教师讲授时不仅要注意教育性、学科性、科学性和简明性，还要注意语言声调、语速，说话要抑扬顿挫富有节奏，使学生容易接受，乐于接受。

（二）提问法

课堂提问犹如往平静的水面扔进一块石头，会在课堂里引起阵阵涟漪。提问的问题要难易适当，表述要通俗易懂，便于理解；提问形式要多样（如设问、反问、追问等），要富有启发性。提问要面向全体学生，特别要关照程度较低的学生。为了提问不给学生造成压力，要注意创设民主气氛，可以由教师提问，学生回答，也可以是学生提问，学生回答，还可以学生提问，教师回答。教师要在学生回答完毕后给予评价和分析。

提问是启发性教学和探究性教学的主要手段之一，所提问题既可以事先设计好，也可以即兴提问，但无论是有备的提问还是当堂即席的提问，都需要讲究提问的艺术，把握好提问的时机，讲究艺术，起到集中学生注意力、活跃课堂气氛，复习巩固、探索思考、强调或突出重点的作用。

提问有多种情形或类型，应根据教学内容和组织教学的需要加以选择。常见的提问类型有回忆性提问、理解性提问、运用性提问以及分析提问、综合提问、评价提问等。

（三）讨论法

讨论法是教师指导学生以班级或小组为单位就某一课题各抒己见、相互启发、最终解决问题的教学方法。是一种有计划、有目的的教学探讨。讨论法与提问法有所不同，提问法主要运用于检查学生知识的记忆、引起学生注意或思考等，一般难度不大，有较多的教师主导因素。而讨论法主要运用于对一些较为复杂的综合性问题做较深入探讨，比提问占用课堂教学的时间长，涉及的知识面更广，有一定难度，而且以学生活动为主，教师需要在课前就设计好。

二、以直接感知获得信息为主的教学方法

（一）演示法

演示法也称“示范教学法”，是教师通过亲自操作，演示完成一项工作、一幅画或

一件设计作品的过程和方法，或通过模型、实物、范画、幻灯、电影、录像等教具展示给学生观看，使学生通过直观感受，加深对有关理论、原理或方法的正确理解，更有效地进行美术实践的方法。学生通过观看演示，在大脑中形成制作或绘画过程的完整表象，获得生动而又深刻“直接经验”以后，能够有效地模仿，提高学习效率。演示通常要配以理论的讲解，以使学生在一目了然的情景中更准确地掌握技巧。演示法某种程度上虽然是配合讲授法进行的，但它并不是辅助性的教学方法，尤其是技法教学，演示非常重要，这也是美术直观性原则的要求。

（二）尝试法

尝试法也称“试误教学法”，是由教师设置情境，让学生对某一学习任务经过几次尝试后找到正确答案的教学方法。其法源于美国心理学家桑代克，桑代克根据对动物“学习”实验的观察后，认为当被激起动机的情境时，动物会进行各种尝试，并迟早会出现一组导致动机满足的“学习方法”。试误学习虽然不是人类学习的主要形式，但运用在美术课中，特别是在创作与临变教学中，不失为一种培养学生创新思维和探索精神的好方法。

（三）参观法

这是指组织学生到大自然或社会特定场所，观察、接触客观事物或现象，以获得新知识和巩固、验证已学知识的教学方法。参观的地点可以是美术展览馆、博物馆、风景名胜区、文化遗址、动植物园，也可以是工厂或田间。参观时，教师应该让学生注意“看、听、记、评”，不能走马观花，结束时要进行总结。

三、以实践训练为主的教学方法

（一）练习法

练习法是学生在老师的指导下将所学知识运用于实践，以达到巩固知识、形成技能技巧的教学方法。这是中小学美术教学活动中最主要的教学方法，是美术实践性原则的基本要求。美术教学一贯重视学生的美术技能练习。然而，新的教学观念认为，发展具体的美术技能固然重要，但不能忽视想象、思维、探索和个性创造能力的培养，而且这些能力需要通过必要的练习才能获得。学生没有“练”，便没有切身体验，想象就飞不起来。因此，课堂上应当尽可能多地留出时间让学生进行实践、练习。练习法包括视觉观察练习、造型技法练习、工具材料操作练习和形象思维、逻辑思维练习等等。

（二）评鉴法

评鉴法是通过对美术作品的鉴赏和对学生作业的评价，使学生理解、领悟美术的实质和内涵，达到提高审美判断能力的教学方法。历史上的美术遗存、名家名作承载着丰富的历史和文化，是开展评鉴的好素材，学生的美术作业反映学生的学习成果，也是评鉴不可忽视的素材。前者对提高学生审美素养有益，后者对提高学生实际美术水平有利。

四、以情境陶冶为主的教学方法

（一）情境法

这是教师根据教学需要为学生创设生动、具体、形象的学习情境，使之身临其境，并由此引发相应的情感和态度促进学习的教学方法。情境教学具有鲜明的形象性、生动的情节性、优美的艺术性的特点，能够营造情景交融、生动活泼的“乐学”环境，有助于提高学生学习的积极性。日益发展的现代教学技术设备和教学技术手段丰富了情境教学的形式。情境法是建立在学生心理逻辑基础上的。教师要根据教学的具体内容和学生年龄特征创设情境。

（二）欣赏法

是指在教师的引导下，学生以欣赏活动为主的教学方法。其主要特点是通过教学中的欣赏活动，使学生在认知作品的美术价值后产生的情感反映和审美愉悦。欣赏法有两种类型：一是欣赏作品的审美特质，如造型、色彩、线条的美感等；二是欣赏作品艺术语言的表现力，如中国画笔墨艺术、油画的笔触技巧的表现力等。

五、以引导探究为主的教学方法

（一）留空法

中国画有一种说法，叫“留白天地宽”。画面中的“白”给人以遐想的空间。课堂教学也要“留白”。教学的“留白”是指教师教学时有意识地留出一定的内容不讲，即对所讲内容有所保留，让学生通过自己的理解、思考、推测和实践去主动完成。从某种意义上说，“教是为了不教”，教师的教是为了让学生学会学，教师教得过多过详尽，学生就依赖、被动；“教”占有的时间越长，“学”的时间就越短。因此，多采取留空法，给学生更多自由独立思考和实践的时间是十分必要的。

（二）发现法

美无处不在，就看你有没有发现美的眼睛——著名雕塑家罗丹的这个观点说明了观察及观察方法的重要性，也说明了“发现”在美术活动中的重要性。

发现法又称“探究法”。这是在教师指导下，由学生自己发现问题、探索问题和解决问题的教学方法。发现法是一种古老的教学方法，卢梭、斯宾塞、杜威等教育家都发表过有关论述，但直到20世纪60年代，经美国认知心理学家布鲁纳的大力提倡，才成为重要教学方法，被人们广泛采用。这种方法的特征是：主要的学习内容（概念、规划）不直接呈现，只提供有关线索或例证，学生必须通过自己的发现，得出结论或找到解决问题的答案。发现法主要体现为学习方法，可分为独立发现学习法和指导发现学习法。前者在性质上与科学研究相同，教学中不多见；后者则多用于课堂教学。

古人云，“法无定法”，“无法之法，乃为至法”。每一种教学方法既然被总结、创造出来，就有相对的稳定性，但每一种教学方法都是一种综合体，很难归属于某一类，分类只是相对的，实际教学中，我们不应该局限于某一种方法，而应该让多种方法完美地融合在教学中，优化教学过程，达到提高教学效率和教学效果的最终目的。

第二节 | 现代教学方法发展趋势

现代教学本质上是以师生之间以对话、交流、合作为基础，进行文化知识传承和创新的特殊交往活动。这种活动由教师、学生、教材、教学方法、教学手段、教学环境以及教学评价等要素组成，各要素之间构成错综复杂的关系。研究这些关系在教学中的作用，便是现代教学发展趋势的主要方向。

20 世纪中后期，教育因心理学的发展与介入而出现重大变革。现代教育方法主要以新行为主义教育方法和人本主义的教育方法为代表。新行为主义教育方法源于美国著名心理学家斯金纳为代表的新行为主义心理学。他认为，教育的根本目的是改变学生个体行为以达到改变社会中所有人的行为。他主张：注重学生的积极反应，即时反馈，即要求教师在学生的反应后及时给予鼓励、表扬或改正的办法。人本主义教育方法源于罗杰斯、马斯洛为代表的人本主义心理学。他们认为，具体知识的教学不是教育的唯一目的和全部内容，而人的价值、尊严、自由、潜能、创造性的充分实现，才是教育的重要任务。现代教育方法表现出与传统教学方法不同的特征：在教学手段上，强调鼓励、交流为主的教学手段；在教学关系上，倡导师生和谐平等关系的建立，以及对学生主观能动性与个性的调动和尊重。

我国的美术教育进入了深层变革与全面发展的时期，随着科学技术和教育教学理论的发展，教学方法也在不断地革新。比较成熟和具有代表性的教学方法有下面几种。

一、启发式

启发式教学是相对于以往注入式教学而言的。新的教学理念认为，教师教的本质在于引导，而引导实质上是教师对学生的一种启发。还认为，教学过程的本质并非教师教学生的过程，而是师生交往、积极互动、共同提高的过程；同时，十分强调实行教学民主，保护学生的合法权益，并以此建立和形成一种新型的师生关系等等。所有这些，都是与启发式教学的精神实质相一致的。从这个意义上说，注重启发式成为现代教学发展的主要特征之一。

二、自主式

教师的教学方法制约和决定着学生学习的方法，学生学习的方法反过来又影响教师的教学方法。过去重教法轻学法，甚至产生把教学方法完全归结为教师教法的极端认识。认为教学方法是教师为完成教学任务、实现教学目标，在教学过程中所采用的一系列方法措施。而现代教学方法则要求学生成为学习的主体，主张使学生理解学习的过程，训练科学的思维，培养探究精神和创造力。教师的教是为了学生的学，学生的学是教师的教的出发点和归宿。这些新的教育思想的确立，使教学方法的改革出现了重学法的发展趋势和特点。它具体表现为把学生自学能力的培养即自主性学习放在前所未有的突出地位。培养学生的创新精神和实践能力，成为教育的核心目标。

三、探究式

过去，由于受知识本位观的影响，教学方法的选择标准比较单一。对教师来说，主要是讲授、谈话、演示和示范等；对学生而言，主要是听讲、练习。教学过程就是传授——接受。如今，随着知识经济时代的到来，要求把培养学生的创新意识、创新精神、创新能力和实践能力作为教学的核心目标。这种变化也反映在教学方法上。针对过去学生学习死记硬背、机械训练和以接受性学习为主的情况，新课程提出要使学生的学习方式发生根本性的变革，倡导在教学过程中采用研究性学习方式，强调学生在学习中的亲历和体验，强调直接经验在学习和发展中的作用，强调问题意识的培养和探究能力的发展等。这些都已成为教学活动的重要目标。

四、情感式

布鲁纳认为，学生对学习本身具有内在的兴趣，这是最好不过的动机。当学生自己有所发现的时候，会产生兴奋感、自豪感，会体验到成功的欢乐，这对学生将是一种极大的激励。现代教学方法强调情感在教学中的作用，这是符合学生学习实际的。心理学认为，人的认识与情感不可分割地联系着，两种不同的情感对学习有不同的影响，积极的情感对认识具有动力功能，消极情感则抑制认识活动的开展，造成紧张、苦恼、过度焦虑等等，都会使智力活动迟钝、受阻。因此，现代教学方法正沿着苦学—乐学—会学的轨迹转变。

五、科技式

随着生产力和科学技术的飞速发展，越来越多的科研成果被引入教学领域，提高了教学方法中的科技含量，实现了教学方法的现代化。《基础教育课程改革纲要（试行)》就提出，要“大力推进信息技术在教学过程中的普遍应用，促进信息技术与学科课程的整合”。教学方法的技术化、多媒体化、网络化，既作为一种教学方法的新理念，又作为教学方法的新形态，在教学理论研究和实际应用两个领域都得到了前所未有的新发展。这为学生的学习和发展提供了丰富多彩的教育环境和有力的学习工具。

教学方法的发展趋势问题，无论在哪一个时期都是重要的热门课题，上述仅仅是近年来现代教学方法的发展趋势。随着时间的流逝，这些方法某天也将成为过去式，取而代之的是更新更有效的教学方法。这就要求我们不断地探讨研究，让教学方法跟上教育发展的步伐。

第三节 | “造型·表现”课教学方法

“造型·表现”课对培养学生的观察力、形象记忆力、表现能力和创造力，有着非常重要的作用，“造型·表现”教学涉及的门类虽然较多，但基本教学方法是一致的。下面主要以绘画教学为例谈谈“造型·表现”课的教学方法，因为绘画是“造型·表现”学习领域的主要内容。

一、从培养观察力入手培养造型与表现能力

培养学生的观察能力是绘画教学首先要做的。没有观察就没有绘画，无论是写生，还是临摹，都需要观察。观察能力的重要性决定了培养学生正确观察方法的必要性。这里讲的正确观察方法并不全指先整体后局部的“成人观察方法”，还包括先局部后整体的“儿童观察方法”。儿童有他们独特的观察方法，他们往往先从自己最感兴趣的部位开始观察，或者先从颜色最漂亮的部分开始观察，并从这里开始画，然后画完全部。鲁道夫·阿思海姆分析儿童绘画作品“是再现简化的一般结构特征的作品”[①]，也证明了儿童的这个观察特点。每个孩子都有自己观察、认识事物的方法，而且都能生动地把握事物的一般结构特征。近年来，随着心理学研究的深入，儿童的观察能力的培养受到广泛重视，人们正在避免用成人方法去要求学生，而是着力根据儿童观察的特点去培养儿童的“直觉思维”能力。这不但有助于儿童敏锐知觉能力的形成，也有利于保持儿童绘画作品的生动性和画面的童趣。

二、借助生活经验和其他学科知识解析绘画理论

从小学高年级起，学生开始接触到透视现象和粗浅的绘画理论知识，如果还停留在“直觉思维”水平，完全依赖“直觉”，显然无法胜任作业的要求。此时应逐步教授一些绘画理论。由于绘画理论相对抽象和枯燥，没有一定时间的美术实践，不太容易理解，往往要引导学生借助生活经验和其他方面的知识帮助理解。如讲“近大远小”

① 【美】鲁道夫·阿思海姆．艺术与视知觉．北京：中国社会科学出版社，1984：328.

透视规律，先叫学生注意一个现象：透过窗户看远处的风景，高大的楼宇、宽广的马路尽收窗内。但一张纸片放在窗户上，就能把这些风景全部挡住。通过这个现象解释“近大远小”的透视规律，就显得不那么抽象难懂了，学生就“认同”甚至理解这个规律了。此外，还要善于引导学生借助其他学科的知识理解绘画理论。例如将数学中平面直角坐标知识运用到写生中，就会比较容易发现“近高远低或近低远高”的透视现象，比较容易把握物体前后左右的空间关系。

三、通过示范传授绘画技法

示范对于造型教学的意义，我们在前面已经阐述得非常详细了。这里要强调是，教师不能因为示范需要准备更多的教具，要亲自动手而怕麻烦，只动口不动手，光说不练。

实践性的知识，抑或实际操作方面的技法技巧，有时甚至不需要讲多少理论，学生只需实际看上一眼便知道是怎么回事，然后辅之以模仿，便能基本掌握。所以，应当把范画、示范、欣赏、技法演示等直观教学方法结合起来，带进造型教学课堂，提高教学效果。譬如，教授工笔国画烘染的方法，如果只是描述而不示范，学生会一头雾水不知所云，但如果进行示范，教师一只手执两支笔，一支蘸色、一支蘸水地画给学生看，则会使学生“一目了然”，豁然开朗，达到“此时无声胜有声”效果。示范不仅能充分利用视觉思维的直觉快速特征，提高学生学习效率，而且现场的“行为性”也能激发学生更大的学习兴趣，增强学习动机，更加主动学习。相反，如果教师长期不示范，学生不但学习进步慢，而且学习造型的兴趣也会渐渐失去。

示范不能被曲解为“就是完成一件完整的美术作品”（可称之“完整示范”），它既包括“完整示范”，也包括“局部示范”、“步骤示范”，可根据教学需要进行选择。

四、通过随堂欣赏提高学生学习兴趣

本章第二节已经说过，随堂欣赏的主要目的就是根据教学需要，通过欣赏提高学生学习兴趣，帮助学生更好掌握有关技法。对于绘画教学，如果教师从技法的层面介绍画家的绘画风格或艺术成就，解析作品在技法运用上的特色，不仅能深化欣赏深度，有利于提高学生欣赏水平，而且能给学生提供学画“路径”，减少学画难度，同时能提高对绘画的兴趣，激起学生“一试身手”的欲望。

五、介绍好工具材料，提高学习效率

“工欲善其事，必先利其器”。工具对于绘画的影响比对设计的影响还要明显。绘画效果的好坏，与对绘画工具材料性能的了解以及使用方法有直接的关系。要通过讲解、演示等多种手段，介绍好工具材料的性能和使用方法，使学生能正确有效使用，同时还应当让学生认识到不同的工具材料和不同的使用方法会产生不同的效果。工具材料运用得好，对于学习会起到事半功倍作用。

绘画的种类较多，根据不同画种还可以采用更具体的方法开展教学。下面介绍几种常见画的教学方法。

六、线描画

线描画就是以线条为基本语言的绘画，包括速写、结构素描、白描等。儿童“涂鸦”，其实就是用线作画，可以说很多孩子在入学之前就已经有了以线作画的“经验”。线描是儿童写生或创作时常用的方法，或者说对于儿童画来讲，“线”是一种“儿语”，儿童可以用铅笔、签字笔、圆珠笔等轻松画出他们记忆的各种形象。线描画有线条游戏画、想象画、写生画、临摹画等多种形式。线描画教学要根据学段有步骤地进行。

小学低年级，应以线描游戏画为主，即鼓励学生先大胆地任意画交叉、重叠的线条，然后去发现某些线条“围合”的形“像什么”，最后通过添加、整理，使这个形更“像什么”。以这种方法训练线条的流畅性和对线条的控制力。

小学中年级，通过对线条曲直粗细等的训练，引导学生利用线的不同形态表现不同的质感。如，用细而光滑的线画花瓣，钝而粗的线画枝干。以此提高线的表现力，体验线的质感。

小学高年级和初中，通过写生或想象画，训练学生用线勾画较为复杂的对象，表现形体结构，用“手绘图形”传达视觉信息，提高线的造型能力。

线，是我国传统绘画的主要特色，一定程度上，可以说中国画就是线的艺术。虽然小学低年级学生不能真正领悟中国画线的艺术魅力，但通过教师的讲解、演示及作品的欣赏，能认识线条在中国画中的造型作用，并从中得到借鉴。当学习了中国画以后，就会进一步体验线在中国画中的审美价值了。所以，要注意引导学生从中国画线条的丰富变化与蕴含的丰富美感中，了解中国传统文化，学习传统艺术，提高线描画的艺术水平。

七、写生画

写生画就是对照实物、实景、真人进行描绘。其教学方法主要是把握好写生步骤：

第一，选择好写生对象

写生的意图往往要通过写生对象的选择及其布置来体现，因此，教师要作充分的课前准备，对写生的具体对象，认真选择。所选内容既要符合教材的要求，又要符合学生的年龄特点和现有美术水平。如静物写生，应选择通用的石膏教具或学生常见的生活或学习用品，人物写生应请学生熟悉的人做模特。风景写生时，要事先对写生场地进行考察，安排几个写生点，然后将学生分成小组开展写生，以便于管理和辅导。

第二，直接起稿作画

应尽力培养直接作画的写生习惯。对中小学生特别是小学生来讲，不必先用铅笔画“草稿”(不包括用铅笔简单的构图)，然后再小心翼翼地描线涂色，对先前的铅笔稿不敢越雷池半步。要鼓励学生直接作画，“落笔成形”、“将错就错”直接起稿作画可保持写生的生动性，激发想象和创造，有时甚至还会得到偶然的效果。要训练学生少用橡皮，想好就画，边画边想，敢于动笔，放开作画。

第三，树立写生教学的新观念

写生不是描摹，不是一定要求画得与对象一模一样。现代中小学美术教学并不提倡所谓写实主义的描绘，而是提倡表现主义的率真抒情。所以，不必过分强调绘画理论和形象的精确，而是把重点放在引导学生将自己的感受表现出来。其实，初中生小学生的感受往往比成年人更加敏锐，写生的画也更加生动。保持学生的率真，对于发展他们的创造力有十分重要的意义。

绘画具有很强的情感性，个性特征明显。教师动辄就给学生改画，特别是不要以自己的观念去改动学生的画。如果发现学生画有"问题"，可先把问题提出来，听听学生本人对"问题"是怎么看的，搞清楚哪些"问题"是学生"天真"的体现，恰恰是应该保留的，哪些"问题"是真的需要纠正的，然后再帮助他做些有限的必要的修改。如，小学低年级学生画拐弯的汽车，常常画不出透视关系，像倒了一样，那没关系，显得天真可爱，但中年级学生如果出现这样的问题，就需要教师加以改正了。注意，即使是改，一般也不要直接在学生画子上改，在另一张纸上示范一下就可以了，画子还是由学生自己完成。

八、想象画、记忆画

想象画是学生将想象到的事物，用绘画的语言来表达，如《太空旅游》《呼吸的绿叶》等。记忆画是以绘画再现他们经历过的事情或对事物的印象。比如《我的妈妈》、《校园一角》等。

指导这样的绘画，方法是：

第一，给学生明确的内容，帮助他们根据自己的经验进行构思；

第二，提供给学生一定的参考资料，丰富视觉形象，启发构思；

第三，要求学生讲出自己的构思，并指导学生画出构思草图；

第四，辅导学生根据草图进行绘画。

第五，进行作业评价。

第四节 | "设计·应用"课教学方法

"设计·应用"课在培养学生审美能力、创造能力方面有两点优势：首先，它更强调在立体的、形形色色的材料上用多种多样工具材料培养动手操作能力。其次，它更强调在材料和结构上的原创性以及特有的个性化美感。"设计·应用"课不同于以往的工艺制作，它把培养学生的"设计意识"放在首位。此外，"设计·应用"的许多内容来源于民间艺术，普遍受到学生欢迎，通过"设计·应用"课的学习，学生能更好地了解民间艺术的优秀传统，增强民族自豪感。

一、“设计·应用”教学的两个基本目标

（一）培养设计意识

“设计·应用”教学，首先接触的是“设计”这一环，因为没有设计，就谈不上制作。设计意识的培养是《美术课程标准》强调的“设计·应用”的主要教学目的之一。中小学生接受的虽然不是专业的设计教育，但设计的一些理念——例如以人为本，要以各种通俗的方式让学生理解。中小学美术课本关于设计的内容都是围绕着生活实际，主要涉及日常生活和学习用品，如文具、牙刷、相册、光盘盒等。因此，让学生了解物以致用的设计意识是设计教学首先要做到的，在此基础上才谈得上材料的运用，才谈得上形式美。既然是设计，就有一定的目的性、实用性和形式美的追求。一些平面构成的作业，虽然没有直接的实用价值，也要具有一定的设计意识（即使用意向）。要采取各种方式让学生重视“为什么而设计”的问题。如教学生设计黑板报花边，就要先让学生明确花边在黑板报中的作用。教学生做一个笔筒，就要让学生首先考虑它的插笔功能。

（二）教给学生制作的基本技能技巧

虽然我们一再强调美术教育是以提高人的素质为终极目标，但技法技巧问题仍是美术教育的一个重要内容。制作是需要技法技巧的，“设计·应用”的教学不能忽视对学生制作技法技巧的训练，不能否定或轻视技法技巧在设计中的重要地位，没有技法技巧，再超前的设计意识，再好的设计构思都难以变成作品，没有实际意义，也可以说没有应用价值的设计是没有意义的。不过，技法技巧是手段，并非目的，过分地夸大技法技巧的作用，将会弱化美术的教育功能，因此，要避免唯技法技巧的倾向。总之，上好“设计·应用”课，关键是教师在课前就把可能涉及的技能技巧搞清楚，把教授技法技巧的方法搞清楚，然后把技法技巧教给学生。一定程度上说，讲“设计·应用”的教学方法就是讲设计技法技巧的教学方法。

（三）“设计·应用”教学方法

1. 演示步骤。在设计教学中，搞清设计步骤非常重要。如折纸、纸立体造型等，步骤是否正确决定着作品的成败，决定教学的成败。为此，教师要耐心地进行步骤演示。

2. 用电教手段解剖难点。对技法技巧的难点部分，可用电教手段，如投影、幻灯示意或用录像特写镜头定格，把细节分解放大，让每个学生都能看清楚。

3. 反复演示。所谓熟能生巧，技巧需要反复练习才能获得，那么，传授技巧往往也要教师反复演示，学生才能明白和掌握。如制陶，做泥条、泥饼、泥球、泥片看似简单，但手法变化较多，如果教师不反复演示，学生很难了解其中的奥秘。

4. 讲清工具材料的使用方法。设计会用到多种多样的工具，了解这些工具的性能，掌握它的使用方法至关重要。有的制作技巧其实就是使用工具的技巧，有的设计创新

甚至就是工具材料的创新。教师都一方面要向学生介绍好工具的性能特点、使用方法、使用安全的问题。一方面要注意带领学生积极尝试使用新材料，只要运用适当，如豆类、树皮、椰壳、火柴棒等等都能制作很好的手工艺品。

第五节 | “欣赏·评述”课教学方法

对于大多数中小学生来说，他们以后并不从事美术工作，但是，他们的生活和工作却离不开美术，并且无一例外都是美术的消费者。提高审美品位，了解古今中外的美术文化，不仅可以使他们积淀一定的文化底蕴，丰富其精神生活，还可以提高他们的生活质量。美术欣赏就是达到这些目标的重要途径。

一、欣赏课的类型

欣赏一般可分为两类：专题欣赏和随堂欣赏。专题欣赏就是欣赏一件作品，或一类作品，或一位美术家代表作品。随堂欣赏就是结合在绘画造型等其他学习领域教学过程中的欣赏活动。

这两类欣赏课要区别对待。专题欣赏应投入较多的精力进行准备，形式上尽量活泼，给学生留下较深的印象；随堂欣赏占课堂教学的时间不能太多，不能喧宾夺主，主旨是加深学生对绘画造型技法等相关知识的审美认识，提高学习兴趣。

二、欣赏课一般教学方法

（一）看

看，就是用眼睛观察与分析，是美术欣赏的基本途径和第一步骤。欣赏美术作品，首先要通过看，要会看。会看，就是在看的同时能够进行分析。如分析作品表现的是什么内容，是什么时代的作品，是哪一个地域、国家、民族的作品，表达画家怎样的审美追求和价值取向等。这是一种视觉分析。学生由于资料和阅历有限，视觉分析水平不高，往往会存在片面认识或误读是正常的，在多次实践、积累了一定经验以后，自然会得到提高。所以，要让学生去“看”。

看，或者说视觉分析具体应用于欣赏教学时，还应讲究技巧，这个技巧要靠教师把握。例如，欣赏《蒙娜丽莎》这幅作品时，认识其艺术成就，对学生来讲是一个很抽象的问题，但如果老师把中世纪的圣经题材的画像和《蒙娜丽莎》放在一起进行比较，再把同时代其他画家画的肖像画和《蒙娜丽莎》进行对比，这个问题就变得具体而可以探讨了。学生会发现达·芬奇在关注生活和人的本身方面比中世纪的其他绘画有了“革命性”进步，在表现光线和人物的内心世界方面比同时期的其他作品技高一筹。这样，在对比之中，学生就能“看”出名堂来了。

（二）查

查，就是查阅作品的有关资料，通过文字材料对作品有一个间接了解，有一个初步的“理性”认识。资料查阅法也是欣赏教学中比较常用的方法，同时也是一种学习方法。教师要教给学生一些查阅资料的方法，以提高他们的欣赏能力和学习能力。

看、查、谈、写，既是相对独立的欣赏方法，也是欣赏的步骤，往往贯穿于欣赏活动的全过程。

（三）谈

谈，就是对艺术作品发表看法，展开讨论。教师应鼓励学生大胆地表达自己对作品的“看”法，积极开展交流和讨论。要想让学生谈得有效果，上水平，就要做好组织和引导工作，首先是根据作品和学生现有水平设计好谈的话题，然后引导学生有步骤地分析，有目的地讨论，有序地发言，而且在学生谈完以后，要进行归纳，并对学生“谈”的情况进行评价。

（四）写

写，就是以书面评论的方式表达对作品的认识、看法。写不仅便于学生发表独到的见解，培养独立欣赏能力，而且有利于提高他们的文字表达能力。

但是，书面评论应建立在“看”基础之上，有了“看”的感受，再经过简短的“谈”以后，学生就有东西可写了，写起来也顺畅了。要注意，不必对学生的文字水平有过高要求，如果像写作文一样要求就可能束缚学生的艺术感受，这里的“写”毕竟不是“写作文”，只要是真实的个人感受，就要给予肯定和鼓励，只要有独到见解，就应予以表扬。

三、费德门的欣赏程序

费德门是美国佐治亚大学教授、著名美术理论家及批评家。1982 年他在《视觉经验的多样性》一书中，提出美术评论的程序，对学校美术教育产生很大影响，为美国学校普遍采用，对我们欣赏课教学很有借鉴价值。

“费德门的欣赏”有四个程序：

1. 描述——引导学生说出美术作品中的视觉形象，而不涉及作品的含义和价值，这一步主要是引导学生观看；

2. 分析——分析作品的形式因素：构图、造型、色彩、空间等；

3. 解释——探讨艺术家通过作品表达的含义，介绍作者的情况和时代背景；

4. 评价——探讨这件美术品在艺术史上的地位，但最主要的是引导学生谈出自己对作品的评价。

美术欣赏教学涉及的知识面较广，如美学、文化学、宗教学、人类学、文学、艺术学等。美术欣赏教学应当借助跨学科的这一特点，开拓学生的思维，提高学生的美术兴趣。

第六节 | “综合·探索”课教学方法

《美术课程标准》提出“综合·探索”学习模块的内容分三个层次综合：一是融美术各学习领域；二是美术与其他学科相综合；三是美术与现实生活相联系。“综合·探索”课的教学，首先就是要理清综合的层次。美术各学习领域之间的综合是基本层次的综合，由于各领域存在着固有的内在联系，教学时不必再去考虑教学内容怎样结合的问题，教学方法上往往只要综合相关领域的一般教学方法就可以了。但美术与其他学科的综合、美术与现实生活的综合的教学就不同了，首先要把“综合”的问题解决好。

解决“综合”问题分两个步骤。第一，查阅资料，把涉及的有关知识做个梳理，以免在向学生教授时产生知识性错误。第二，确定“综合方式”，是以美术为平台综合其他学科知识，还是以其他学科为依托进行美术应用，总之是达到通过跨学科学习，理解共同的主题和共通的原理的目的。如，将美术与环保综合上一节课，应当确定是画一幅画参加环保活动，还是参加一次环保活动后画一幅画，两种情况绘画的内容和教学重点是不同的，前者画的内容是宣传环保，后者画的内容是记录环保活动。前者重点要先向学生介绍环保的意义和环保的办法，让学生知道画什么，后者重点是教学生怎么画。但根本目的是一致的，就是增强学生环保意识。第三，处理好教学活动开展的方式。总体上有两种教学方式选择，一是“课业综合”，即美术教师把相关知识综合起来，独自开展教学；二是“人员综合”，即请其他学科教师合作教学。如，和语文教师合作，语文教师在作文课上开展“文配画”活动，美术教师在绘画课上开展“画配文”活动。这样学生的“文”更加“言之有物”，“画”也更“有意义”，作文水平和绘画水平都会有所提高。显然，以“人员综合”开展教学的方式虽然效果较好，但实际操作时不太容易。所以，以“课业综合”开展教学的方式更可行。

在广大的农村，美术教师大多数是兼职的，或者大多数美术教师都兼任其他学科的教学任务，似乎不够“专业”，但这恰恰有利于上好美术“综合·探索”课。需要注意的就是加强将美术和其他学科综合的意识，同时要牢记综合的最终目的是达到美术能为生活服务，避免为综合而综合。

如果讲得再具体一些，可以尝试以下两个方法进行教学：

一、拓展法

所谓拓展法，指的是教学内容向其他学科拓展。一节美术课，如果稍加研究，就会发现它可能涉及文学、音乐、哲学、地理等方面知识，不是孤立的美术知识，那么就可以综合这些方面的知识进行教学。例如，讲树叶，不仅从美术造型的角度讲，也可从音乐的“树叶沙沙”角度讲，从诗歌的“无边落木萧萧下”角度讲，还可从哲学的“世界上没有两片相同的树叶”角度讲，这样不仅丰富学生对树叶的认识，而且会启发学生想象，画出精彩纷呈、形色各异的树叶来。

二、活动法

把美术运用到实际生活中，或把美术和实践活动结合起来开展教学。这方面，《美术课程标准》有比较明确的建议，即：采用造型游戏的方式进行无主题或有主题的想象、创作、表演和展示；结合语文、音乐等课程内容，进行美术创作、表演和展示，并发表自己的创作意图；调查、了解美术与传统文化及环境的关系，用美术的手段进行记录、规划与制作等。如上《脸谱》一课，教师可以先带领学生编一个小剧本，在剧本里设计几个角色，然后叫学生根据角色绘制脸谱，最后让学生戴上自制的脸谱进行表演。

思考与练习

1. 运用讨论法应注意哪些问题？
2. 谈谈启发式教学的“新”与“旧”。
3. 谈谈人本主义教育观对教学方法改革的影响。
4. 用实例阐述美术教学原则、模式、方法之间的关系。

第五章 | 美术教学设计

第一节 | 教学设计的基本理论

一、教学设计的概念

教学设计是指教师为达成一定的教学目标，对教学要素及其活动进行系统的规划、安排与决策。是教学指导思想、教学目标等的宏观上的思路。它是以促进学习者的学习为根本目的，以学习理论与教学理论的基本原理为指导，运用系统论的方法，对教学目标、教学内容、教学方法、教学策略和教学评价等环节做出的具体计划，创设有效教与学的系统“程序”。

二、教学设计的特点

教学设计既具有设计学的一般性质，又必须遵循教学的基本规律，是一种特殊的设计活动，它具有以下特点：

（一）系统性

教学设计的系统性在实际操作过程中具体体现为教学系统的设计。

教学系统设计首先是把教育、教学本身作为整体系统来考察，并运用系统方法来设计、开发、运行和管理，即把教学诸多问题作为一个整体进行设计、实施和评价，使之成为具有最优功能的系统。教学设计从教学系统的整体功能出发，综合考虑教师、学生、教材、媒体等各个要素在教学中的地位和作用以及相互之间的联系，利用系统分析技术（学习需要分析、学习内容分析、学习者分析）形成制定、选择策略的基础；通过解决问题的策略优化技术（教学策略的制定、教学媒体的选择）以及评价调控技术（试验、形成性评价、修改和总结性评价），逐步形成解决教学问题的最优方案，并在实施中取得最好的效果。

教学系统设计的研究对象是不同层次的学与教的系统。这一系统中包括了促进学生学习的内容、条件、资源、方法、活动等，教学系统设计的过程就是对这些影响教学效果的各个要素进行具体的计划的过程。

教学系统设计的目的是将学习理论和教学理论的原理和方法转换成解决教学实际问题的方案，它主要是运用已知的教学规律去创造性地解决教学中的问题，教学系统设计的成果或产物是经过验证的、能实现预期功能的教学系统实施方案，包括教学目标以及为实现教学目标所需的教学活动、实施计划以及其他相关材料（如教材、多媒体教学软件、学习者的学习资源、评价手册、测试题等）。

（二）理论性与创造性

教学设计既具有一般设计活动的基本特征，同时由于教学情境的复杂性和教学对象丰富的个体差异性，具有理论性和创新性。

首先，教学设计必须在一定理论的指导下进行，某种意义上说是对学习理论、教学理论等理论的综合运用；其次，高度抽象的理论和具有丰富情境、不断发展变化的教学实践之间又存在一定的距离，现实生活中的问题有时候会需要创新性地运用理论，甚至对理论进行改造、扩充、重构，以适应原有理论未能预见的新情况、新问题。因此，教学系统设计是理论性和创造性的结合，在实践中，我们既要依据教学系统设计理论来进行教学设计，又不能把理论看作教条，而应该在实践中创造性地运用、发展理论。

（三）计划性与灵活性

教学设计过程具有一定的模式，这些模式往往用流程图的线性程序来表现，需要按照既定的环节流程来进行教学设计。然而，教学要素之间的关系是非线性的，是相互影响、相互补充的。例如教师根据教学目标和学生的特征来选择适当的教学策略和教学评价方法，同样，教学策略的实施效果及教学评价反过来又促使教师调整教学目标和策略。因此，在实践中要综合考虑各个环节，有时甚至要根据需要调整分析与设计的环节，要在参考模式的基础上创造性地运用模式。

（四）具体性

教学设计是针对解决教学中的具体问题而发展起来的理论与方法，是要解决实际教学中所存在的现实问题。因此，教学设计过程是具体的，每一个环节中的工作也是十分具体的。

三、教学设计的依据

教学设计是一项复杂的工作，成功的教学设计必须综合考虑多方面的因素。一般来说，教学设计的依据主要有以下几方面：

（一）现代教学理论

理论的指导是教学设计由经验层次上升到理性、科学层次的一个基本前提。科学的理论是对教学规律的客观总结和反映，依据科学的教学理论和学习理论设计教学活动，实际上就是要求教学设计的方案和措施要符合教学规律。在教学实践中我们不难发现，有些教师，特别是从事教学工作时间不久的教师，由于不懂得如何在教学理论的指导下对教学作出详细规划，因而在课堂教学中往往随意发挥，影响了课堂教学质量。即使是有些有经验的教师，如果轻视系统的理论指导，教学时局限于经验化处理，教学效果也不会理想。因此，教师只有自觉运用科学的理论指导教学设计，才有可能使教学摆脱狭隘的经验主义窠臼，才有条件谈论追求教学效果的最优化问题。

（二）系统论原理与方法

系统论原理要求研究者在研究事物的过程中，把研究对象放在系统的形式中，从系统和要素、要素和要素之间的相互联系和相互作用的关系中综合地、精确地考察对象，从而取得解决问题的最佳效果。系统论抛弃了静态、片面分析的研究方法，而把重点放在分析客体的整体属性上，放在其动态的多种多样的联系和结构上。教学系统是一个由多种教学要素构成的复杂系统，各教学要素有各自的作用，彼此间存在着密切的联系。运用系统论方法分析课堂教学系统中各因素的地位和作用，使各因素得到最紧密的、最佳的组合，从而优化教学“程序”，是教学设计的一个基本特征，同时也是教学设计成功与否的关键所在。因此，在实际的教学设计过程中，教学设计者应自觉遵循系统论的基本原理，以系统论方法为指导，不断提高教学设计的水平。

（三）教学的实际需要

从根本上讲，教学设计的全部意义就在于满足教学活动的实际需要，在于为实现这种需要提供最优的行动方案。它体现在具体的教学过程中，体现在教学活动的实际需要集中，体现在教学的任务和目标中。教师在进行教学设计时，应首先明确教学任务和教学目标，并对它们进行认真的分析、分解，使之成为可操作的具体要求，在此基础上，综合考虑各种教学因素、设计教学措施和评价手段，发挥其应有的作用。

（四）学生的特点

教学设计的基本特征之一是它既关心“教”，又关心“学”。教学是教师和学生共同活动的过程，在这个过程中存在着教师的“教”，也存在着学生的“学”。教是为了学，学是教的依据和出发点，教师的教必须通过学生的积极主动的学才能起到有效作用。大量的教学实践表明，重教轻学，课堂教学缺乏学生的积极性，是不可能收到好的教学效果的。因此，在教学设计的过程中，教师除了从教的角度考虑问题外，还必须认真分析和把握学生身心发展的特点、现有学习水平等问题。也就是说，教师作为教学活动的设计者，在决定教什么和如何教时，应当全面考虑学生学什么和怎样学。正如加涅所指出的：校舍、教学设备、教科书以至教师绝不是先决条件，唯一必须假定的事是有一个具备学习能力的学习者，这是我们考虑问题的出发点。①

（五）教师的教学经验

在一定意义上说，教学设计的过程也是教师个体创造性劳动的过程，教学设计方案中凝聚着教师个人的经验、智慧和风格。教师的教学经验、智慧和风格是形成教学个性及教学艺术性的重要基础，是促进课堂教学丰富多彩、生动活泼的基本条件。教学经验是教师在长期的教学实践中总结出来的，它们在课堂教学中往往可以弥补教学理论的某些不足，帮助教学取得好的教学效果。因此，教师的教学经验也是教学设计

---

① 转蒋良．美术的教学选择．长沙：湖南美术出版社，1998：184.

的基本依据之一。在教学设计中，既不能完全依据经验行事，也不能排斥教学经验的作用。只有将科学的理论和方法与好的教学经验结合起来，才能使教学设计既有共性，又有个性，并最终达到科学性和艺术性的有机统一。

四、教学设计的作用

教学设计既是教学中的一个重要环节，也是一项重要的教学技术。学习教学设计具有十分重要的意义。

（一）有利于教学理论与教学实践的结合

通过探讨教学的机制，对教学过程、影响教学的因素及其相互关系进行研究，逐渐形成了一套独立、高效、有序的知识体系，这就是教学理论。但这种理论上的描述，对于改进教学产生了非常直接的作用，因为实践是有丰富情境并发展变化的，既有的理论运用于具体实践的时候往往与现实有距离，这就要求不能够完全套用现成的理论，理论必须密切与实践相结合。教学设计就起到了这样的作用，通过教学设计，一方面可以把已有的教学理论和研究成果运用于实际教学中，指导教学工作的开展；另一方面，也可以将教师的教学经验升华为教学科学，充实和完善教学理论，这样就把教学理论与教学实践紧密地结合起来。

（二）促进青年教师的快速成长

课堂教学既是一门科学，也是一门艺术。说它是一门科学，是因为教学是在科学理论的指导下进行的；说它是一门艺术，是因为教师可以凭借自己的经验和直觉选择适合的教学策略，通过自己的言传身教取得良好的教学效果。教学的艺术性是教师在教学中所展示的人格、语言魅力，游刃有余驾驭课堂教学活动的潇洒。教学具有艺术性是教师走向成熟的重要标志。从实践的层面上讲，教学艺术是一种技巧，这个技巧就是教学活动的展开、教学过程的推进都是在巧妙的安排中进行的，它使教学引人入胜，课堂充满生气。这个“巧妙的安排”其实就是教学设计。优秀的教学设计总是融入了教师对教学程序的艺术处理，具有鲜明的个性色彩，能把教学内容艺术地呈现给学生，使学生在享受中学习。虽然，“艺术性”、“个性”通常“只可意会，不可言传”，但当含有“艺术性”和“个性”的教学设计做成教学设计方案（文本）的时候，这种“艺术性”和“个性”便成为可复制、可传授的技巧了。青年教师通过学习优秀教学方案，可以在较短的时间内掌握教学技巧，形成自己的教学特色。由此可见，钻研教学设计，学习借鉴他人的优秀教学设计方案，是青年教师快速成长的一条有效的途径。

（三）有利于科学思维习惯的养成和能力的提高

教学设计是系统解决教学问题的过程。在这个过程中，一方面要善于发现教学中的问题，用科学的方法分析问题，谋求解决的方案，另一方面需要在设计方案和执行方案的过程不断地反思，以求方案得到完善。在这个过程中，思维在不断活动，而长期的教学设计活动不断地训练了思维，提高思维的科学性，提高发现、解决教学问题的能力，这也是教学设计和传统备课的明显差别。此外，这种解决问题的方法和思维方式具有迁移性，利于解决相似的其他问题。

（四）有利于促进现代教育技术的运用和发展

近年来，我国教育技术发展迅速，实践应用的领域大大拓展。现代教育技术尤其是以多媒体和网络为核心的信息技术给教育所带来的不仅仅是手段上的革新，更重要的是对信息时代人才培养观念、人才培养方式的转变，并由此引发了教育观念、教学内容、教学方式的深刻变革。教学设计始终关注技术要素对教学系统中其他要素（教学内容、教与学的方、评价手段等）所产生的重要影响，引导人们对现代教育技术的认识和重视，对信息技术与课程整合的思考。一定角度上说，教学设计是一门将教育技术实际运用于教学实践中的新学问，它提高了现代教育技术应用价值，同时促进了教育技术的不断发展。

教学设计要遵循当今社会对人才培养的要求，要遵循素质教育的要求，最终达到激发学生的学习兴趣，促进学生的学习，提高学习效率和效果的目的。

第二节 | 学期和单元模块教学计划设计

一、学期教学计划设计

教学设计一般包括学期教学计划设计、单元教学计划设计和课时计划设计三部分，它将整体的教学任务逐级落实到每一节课中。教学计划是进行系统教学设计的切入点，是美术教师必须掌握的重要环节。

学期教学计划一般要求在学期的开始前设计制订出来，主要有教学任务概述和教学进度计划两部分组成。

（一）教学任务的概述

教学任务是该学期应该完成的教学内容，它是由《美术课程标准》确定的。作为计划，教学内容只能概述，它包括周次、课题、主要知识点、学生情况简明分析等，可以直接用文字表述，也可以用表格的形式表达。

要做到准确概述学期教学内容，教师应该认真阅读、研究教材及配套的教学参考书，理解编写者的意图，把握教材的内容结构、逻辑联系，明确教学单元，然后初步确定教学思路，安排教学进度，简析教学目标。这是进一步制定教学进度计划表的前提。如果有科研设想，那么，还应该将拟开展研究的内容及周次在学期教学计划中加以明确。

（二）教学进度计划表

教学进度计划表是以每个课题教学日程安排为主要内容的直观呈现形式，是一种以时间为序的表格式教学计划。教学进度计划表要能反映出单元结构和具体的课时、课题，具有直观、简明扼要、具体可行的特点。要注意一点，教学进度计划要把大的传统节日、学校大的活动等因素考虑进去，即要在学校《行事历》（亦称校历）的框架内安排学期教学计划。

学期教学进度计划（　　年度第　学期）

周次	日期	课题	作　业	教具、学具	备注
1					
2					
3					
·					

二、模块教学计划设计

单元模块教学计划　是以一组相对完整的或独立的课题教学内容为单位，来制定相应的教学计划，课时的多少因教学内容和学生情况而异。

单元模块教学计划较之学期教学计划更具体，更具操作性，所以制定起来相对也就复杂一些，要考虑的因素更多一些。尤其是高中，如何把《美术课程标准》的理念落实到具体的教学中，单元模块教学计划的制定是关键。单元模块教学是一种全新的教学模式，制定单元模块教学计划，要求教师必须以新的教育理念来指导。

（一）单元模块教学计划设计的指导思想

对新的教育理念不能只停留在认识理解层面，关键要改变教学行为实施操作。教师必须做到专业理论学习和教学实践活动并举。理论和实践之间活跃往返，往往能产生出色的实践，并能使自己站在教育教学改革的最前沿，成为教育实验的先锋。教师首先要对《美术课程标准》定位认识清楚。因为通过调查发现，有不少教师认为课程标准应结合本校设备、教师等实际情况而定，存在对《美术课程标准》定位错误认识，导致实际教学仍然在走老路。实际上，《美术课程标准》是国家对基础教育课程的基本规范和质量要求，是对美术教育实施的最低要求，每个学校原则上都要达到。其次还要对所选教学模块深入理解和挖掘，挖掘出传统教学模式下忽略的实施过程与方法、情感态度、社会适应能力。还应当明白，模块只是为教师教学提供一个参考资源，是教学活动的载体，注重教学目标及教学内容分析不需要教师照本宣科，但实际上不少教师仍然实践着“教模块教材”，学校及地方特色没有得到体现，特色资源没有得到开发。单元模块教学计划设计应将特色资源融汇进去，利用这些资源支持学生的学习，千万不能让教材驾驭自己，而是要驾驭教材。

基础教育课程改革要求以“知识与技能、过程与方法、情感态度与价值观”三个维度设计课程。在《美术课程标准》的总目标里，“三维目标”是合在一起陈述的，其好处是表述连贯，能更好地体现目标的整体性，“三维目标”是基础教育课程改革在课程理念和教学实践方面的重大突破，也是素质教育目标能全面落实于每一门课程和具体课堂教学的重要措施。但是，我们应该看到，一节美术课的时间和容量是有限的，“三维目标”是不可能在一节课里全面实现，必须采用多课时的“单元化研究型教学”方可实现。也就是说，要真正全面落实“三维目标”，还需要改变目前写课例、评教案、公开教学、教研活动都围绕“单课时教学”的习惯，因为“单课时教学”只能完成一些较简单的知识与技能任务，难以落实能力、情感与价值观方面的目标。为此，必须建立“单元意识”，就是以多课时的教学单元为单位，系统而全面地设计教学和实施教学活动的意识，具备“单元设计能力”和“单元化研究型教学”的方法。

（二）单元模块设计的基本思路

每一模块都有明确的教育目标，并围绕某一特定内容，整合学生经验和相关内容，构成相对完整的学习单元；每一模块都对教师教学行为和学生学习方式提出新的要求与建议。在单元模块教学设计前要整体通盘妥善解决单元模块的相对独立性和各模块内容系统性的问题，处理好单元模块教学中模块与模块之间相对独立又相互联系的问题。高中阶段，一般采用模块教学设计代替原有的教学进度表。模块教学设计要求教师要把整个模块看作一个整体，把整个模块的主题提炼出来，要写出每个模块要解决什么问题；在这个模块教学中要采用哪些教学方式、采用哪些学习方式；在一个模块中哪些东西是需要老师讲的，而哪些东西是不需要老师讲，更多的是学生做，在进行模块教学之前都要有准备并将模块教学的设计拿出来。传统的教材主要是以知识逐步递进的层次进行排列的，现在要在此基础上重点考虑以五个领域的目标这一主线，根据学生的认知规律，确定知识内容的呈现顺序，使之形成结构合理的知识体系。

（三）与学生一起设计好评价量规

在教学实施之前，由教师与学生一起来制订评价量规是十分重要的。因为评价量规本身对学习目标是具有引导、定向、驱动意义，所以评价量规的前置与学生参与有利于教学更加有效开展。评价量规包括这个模块有哪些重要的内容，老师将如何教，学生应该如何学，用什么方式来学，以及达到怎样的标准和如何进行考核等等。这些都应该在每个模块教学的第一节课就给学生讲清楚，即把本模块的全部内容，达到什么基本要求等提前布置。其根本目的是让学生更好地配合老师的教学，推进学生切合时机地选择自主学习、合作学习或探究学习模式主动学习。

（四）正确处理好教师主导性和学生主体性两者的关系促进学生自主发展

自主发展是素质教育背景下学生的优秀品质，是学生必备的素质。因此要强调以学生为中心、注重自主学习设计，在教学活动中充分体现以学生为主体，积极引导学生自主学习，自主探究，主动发展，注重能力的培养，促进学生自主实践。但同时又要坚持教师的主导作用，就像做一出戏，所有的教学活动都由教师先带领学生一起精心策划的，脚本写好，舞台搭好，课的情感基调创设好，然后师生共同登台表演。教师和学生在单元模块教学课程中主导和主体之间常常相互作用，交互推进。经过几个单元模块教学以后，教师就可以尝试让学生在教师的指导下自主安排单元模块的学习，包括单元的选定，单元内容的取舍，单元活动的组织，单元评价的实施。

单元的内容不是绝对客观的稳定不变的知识体系的载体，而是作为师生共同探索新知的基本依据；单元目标也不是完全预定的，不可更改的，而是师生学习过程中的一个参考，随着教师和学生在学习中思维、情感、行为的变化而适时进行调整和重构。当一个单元模块教学结束，教师和学生都获得全新感受的体验，获得在教与学的互动中达到引人入胜的崭新境界后的满足与喜悦，就说明两者的关系达到了和谐的程度。

（五）模块设计要回归经验与生活

要挖掘模块内容与学生生活的联系，注重教材内容的现实感和生活感，注重学生的实际经验，体现对学生的人文关怀。事实早已证明，远离学生生活和社会现实的课堂教学所体现的只是单一的教学模式；缺乏生活意义的课程迫使学生在教学中戴着面具做痛苦表演，学生没有真实生活的愉悦体验，更没有生活激情，都是落后的，失败的。应该建立生活化的课堂。生活化的课堂教学应突出主体间的互动、对话、交流；生活化的课堂必须弱化模块教材的权威性，追求教材、教师、学生之间的平等关系。教材的呈现方式上应以间接呈现为主，教师不应以详尽的讲解和示范来代替学生的实践感受，不要让教材和教师过于“强势”，而应引导学生从生活性的活动中去领悟与亲历。在教学设计上应给学生相应的体验和感悟空间，强调学生理解、体验、反思和创造，克服单一的呆板的接受式学习方式，倡导探究式学习方式，从而创造出学生与教材对话的机会，与教师的对话关系，达到学生能自由地从不同的角度认识、理解、感受和体验教学内容和教师教学的境界。

模块教学设计

周次日期	课题	教学目标	教学内容	教学重难点	作业要求	教具、学具准备	方法与策略
1							
2							
3							
…							

三、设计多种掌握学习的策略，并指导学生根据实际选择适合自己的学习方式

现代教育观认为，教学百分之八九十应该放在教育方法、推理方法、搜集资料的方法、从事实中做出结论的方法以及分析综合事实的能力培养上面；学会学习是学会认知、学会做事、学会共同生活、学会发展的根本途径。因此，要全面提高学生素质，

促进学生主动发展，必须指导学生学会学习，掌握学习策略。指导学生学会学习，可以采用以下几种重要方法：首先是在教学中注重学法指导。老师的教应当着眼于学生的学。从教学论的角度上说，新课程实施过程，其实是一个“从教到学”的转化过程。在这个过程中，教师应当千方百计地创造条件，尽量多地设计多种学习方法让学生选择，并能对学生进行学法的指导，传授学法，授之以渔。其次是指导学生学会自我评价与评价他人。人对事物的看法是由自己来调节的，学生要学会学习，必须学会自我评价与评价他人，学会自我调节和自我监控，通过对学习过程、方法和效果的分析，学会学习策略，并运用学习策略主动地规划自己的学习任务、确定发展方向、选择学习方法、培养并发展元认知。再次是在教学中注重学生自学与合作学习。

第三节 | 课时教学计划设计

课时教学计划也叫“教案”。是教师根据教学目标设计的以课题（课时）为单位的教学方案。包括教学程序、教学方法、教学手段、板书设计以及对学生课堂反映的预测等，体现教师对教材的独到理解。编写教学计划的流程可归为：课题→课的类型→教学目标→教学重点、难点→达标程序→教具、学具准备→教学过程→作业要求→达标测评→板书设计，这也是教案的基本内容与结构。

一、课题设计

课题是教科书中某一课时的教学内容的提炼，或者教师自己开发的某一课教学的主题。

课题设计不可忽视。一个好的课题能诱发学生的学习兴趣，激活学生学习动机。好的课题有一定内涵，能在教学过程中逐渐展开，能暗示教学重点。如《小蝌蚪找妈妈》这个课题内涵丰富完整，很清楚揭示了本课的教学重点：画或者手工制作小蝌蚪、青蛙，而“找”就是构图的问题，是教学的难点。教学过程可以按照先学画或学做小蝌蚪、青蛙，然后安排画面，做好“找”的文章这样的顺序展开。

设计一个好的课题的前提，是教师对教材有深入的研究。

课的类型可以理解为教学活动的基本方式，也可以理解为主要教学模式。确定课的类型的目的在于明确本节课的性质，把握教学内容的特点和优选教学方法。《美术课程标准》规划五个学习领域，就是五大课的类型，我们可以在这个基础上按照教学具体内容和教学主要模式确定一节课具体类型，如，理论教授课、技法教授课、技法练习课、美术欣赏课、美术评论课等。

二、教学目标设计

教学目标是在教学活动中师生双方预期达到并可以测度的学习结果及具体规格。

教学活动作为一种有计划、有组织、有目的的系统实践，是受到教学目标调节的，当师生明确了教学活动的目标后，就会调动一切力量和手段把教学过程导向预定的目标。同时，教学活动是动态的，处于发展和变化中，需要不断根据信息反馈控制、调整教学系统各种要素，实现教学过程的最优化。

新课程提出了“三维目标”的要求，关注学生“知识与技能、过程与方法、情感态度与价值观”等品质的全面发展。美术教育不但要关注学生“知识与技能”的发展，而且要关注到具有方法论意义的学生学习方式和学习能力（过程与方法目标，学会学习），关注更深远、更本质的学生情感、态度与价值观等品质的发展。

由于“三维目标”并非各自独立的三个内容，而是相互关联的整体，所以在《美术课程标准》的总目标里是合在一起陈述的，其利是表述连贯，能更好地体现目标的整体性，其弊是三个维度各自的特征就不太明显，我们不妨对三个维度做一次分述，更完整地把握美术教育的目标。

知识与技能：了解基本美术语言的表达方式和方法，表达自己的情感和思想，美化环境与生活。学习美术欣赏和评述的方法，形成美术基本素养。

过程与方法：学生能以个人或集体合作的方式参与各种美术活动，尝试各种工具、材料和制作过程，丰富视觉、触觉和审美经验，发展美术实践能力。

情感态度与价值观：学生能体验美术活动的乐趣，获得对美术学习的持久兴趣；激发创造精神，陶冶高尚的审美情操，完善人格。

（一）“知识与技能目标”的设计

美术不仅仅能培养学生审美、创作、设计和制作等能力，而且还是学生认识世界、学会学习、学会生存以及成长发展的基本条件。所以，美术教育要改变原有“难、繁、偏、旧”的内容，过于成人化、专业化等弊端，既要把美术知识与技能的学习作为重要的教育目标，也要把“过程与方法”、“情感态度与价值观”作为教育目标。由于“过程与方法”、“情感态度与价值观”是不可能单独操作的，所以应当渗透在美术知识与技能教学活动中。

（二）“过程与方法目标”的设计

美术的“过程与方法”不仅仅是美术创作的过程和方法，而且是具有方法论意义的学习过程和学习方法。教学设计中，尤其要注意“学法”的研究，从老师的角度讲，就是研究如何使学生学得积极主动，使学生学会学习。

（三）“情感态度与价值观目标”设计

情感是和人的社会性需要相联系的一种复杂而又稳定的态度体验。例如，道德感、审美感、理智感、爱与恨的体验等，是人指向真、善、美的高级情感。态度是个体基于过去经验对其周围的人、事、物持有的比较持久而一致的心理准备状态或人格倾向。包含认知成分、情感成分和行为意向成分三部分。价值观是对经济、政治、道德、金钱等所持有的总的看法。

情感、态度与价值观三者是人的精神领域相互联系、相互影响，而且涉及范围很广的三个概念。其中，价值观是一个人思想意识的核心，它影响人对事物进行价值判断，进而影响人的态度和行为。情感则是人对事物的心理反应，伴有外显的行为和表情。而态度既受到价值观的影响，又决定着人的行为，处于人的观念和行为的“中介”地位。情感态度与价值观目标设计关注两个方面问题：

1. 学生表达什么情感和思想?

《美术课程标准》指出：“了解基本美术语言的表达方式和方法，表达自己的情感和思想，美化环境与生活。”这既是“知识与技能”目标，也明显包含着“情感”目标，所以是衡量美术教学成功与否的重要标准。这个目标可从以下几方面思考和设计：

爱美之心。对美术门类本身之“美”(即美术语言和特征)的情感和兴趣，即“审美感”。比如能体会线描的疏密产生的美感，对线描产生兴趣；能感受到黑白版画的单纯之美、刀法之美，感受到对象形体、色彩、材质、神韵之美等。具体比如，能感受水乡景色秀丽的美，北国风光雄浑的美等。

崇善之情。这是对表现对象“爱”或“善”的情感，即“道德感”。教学要考虑如何把对家长的敬重、对同学的友爱、对家乡一草一木的热爱、对小动物的怜爱等情感贯穿于教学之中，让学生能怀着这样的情感学习和创作；能在欣赏气势恢宏的古代建筑、精美绝伦的传统艺术(如青铜器、玉器等)之后油然而生爱国之情。

求真之欲。求“真”的欲望是一种“理智感”，它往往要结合到“知识”目标中进行设计。比如画树叶，可在了解树的结构、发现叶脉的纹理、探索太空的奥秘中求真。

2. 学生能形成怎样的学习态度?

美术学习需要有一些不同于其他学科的学习态度，如积极参与、勤奋乐学、善于观察、勤于思考、敢于探索、勇于创新、耐心细致、互助合作、尊重与同情、开放与宽容等。这些学习态度本身受到学生个人价值观念的影响，如生命神圣、求真务实、自尊自爱、勇气和责任、想象与创造、个性和自由等。

事实上，一节课的时间和容量是有限的，“三维目标”是不可能在一节课里全面落实，必须通过多课时的“单元教学”方可实现。也就是说，要真正全面落实“三维目标”，还需要改变目前写课例、评教案、开公开课、教研活动都围绕“单课时教学”的习惯，建立“单元教学意识”。

(四) 教学重点与难点

教学重点是指在教材的知识体系中要求学生必须掌握的知识或技能，一般来说就是认识目标和技能目标。

教学难点是指教材中需要学生掌握而学生却难以理解或难以掌握的知识和技能，通常包含于认知目标或技能目标之中。教学重点与难点是密切相关的，如何正确识别教学重点与难点及处理好它们之间的关系，这是教学中必须要解决的问题。用系统论和信息论的观点来看，知识系统是一个网络状的立体结构，重点则是处在学科知识系统各个有机部分的节点上，它往往起着承上启下、沟通左右的作用。因而从系统结构的角度说，重点是客观存在的，是具有确定性的；从信息论的观点看，由于重点是处在知识系统网络状节点的特殊位置上，故它所储存的信息，一般具有容量大，并具多方向传导的特点。但在知识的网络结构中，难点不一定是处在网络状结合点的位置上，因而难点具有不确定性，并且它所储存的信息可辨性一般较低。另外，学生对于知识的理解和掌握，有赖于学生自身的知识水平和理解能力，有赖于教师的妥善指导。缺乏这两个必要条件，学生对知识的理解就会产生困难。故从辩证的角度说，难与易是相对而言的问题，它们之间是可以转化的，由此说明，难点还具有一定的人为性。

如果从教学、学生、知识这三者所组成的教学系统来考察重点与难点的关系，它们之间存在着一定的交叉性，呈现两种状态：一是，当难点也处在知识系统网络状结构的节点上时，它和重点是重合的。在这种情况下重点和难点是一致的，即重点本身也是难点；二是，当难点不处在知识网络状结构的节点上时，重点和难点是不一致的，即重点不等于难点。重点的客观性、确定性的特点与难点的可辨性低、不确定性和人为性的特点，决定了它们在本质上的区别，同时也决定了它们在教学中的不同地位与作用。

（五）教具准备

教具是指在教学过程中借以辅助教学活动的用具。美术课教学是一种很直观的形象教学。学生学习兴趣的浓与否，课堂教学效果的好与否，与教师课前教具准备工作的好坏有很大的关系。多样化、趣味化的教具是激发学生学习兴趣最有效的催化剂；形式多样的教具，给学生提供了易仿乐学、直观的示范性活教材，是教学最得力的辅助手段；课前充分的教具准备，能起到充实教学内容，拓宽教学思路，有效地对学生进行多种能力的培养与训练的作用。

（六）学具准备

学具是指在教学过程中直接用于学生操作活动的用具。

学具准备从另一方面说也是一个人学习习惯的养成和培养的过程。习惯影响性格，性格决定命运。通过学具准备可以培养学生“提前做好准备”的良好习惯，妥善管理工具的良好习惯，爱护财物的良好习惯，勤俭节约的良好习惯。学生课前每准备好学具本来是一件小事，但是如教师督促得到位，学生坚持这样做，就能养成一个做事严谨、细心的好习惯，就是一件大事。

（七）教学过程

一般说来，一节课完整的教学过程应该包括：组织教学、前提测评或导入新课、认定目标、导学达标（其中包括分析引导、提问讨论、方法步骤、布置作业、辅导练习等）和达标测评（也即结课或教学评价）等环节。课前，这一过程要做成文字方案，即教案。根据详略程度，教案分为“详案”和“简案”。详案就是上述各环节要说的话、要开展的活动都写清楚。简案就是把上述各环节节奏做好安排。年轻教师特别是初为帅者要写详案，老教师在换新教材时也应该写详案，以此熟悉教材、研究教法，提高教学水平。

教学过程各环节是所有各科教学共有的，《教育学》阐述得很详细。这里强调一下导入新课和达标测评。

俗话说“良好的开端是成功的一半”，用什么办法、方式开启这节课，一下把学生带入课堂情境，是一种艺术。导入新课对美术课更显重要。说它重要是因为中小学美术课虽然有自身的学科体系，但不如语文数学逻辑那么强，有时后一节课与前一节课俨然是不同的“单元”，学生可能要进入新的学习领域，所以就要特别注意能在极短的时间内把学生带入学习状态中。对此，老师们总结了不少方法。如回顾导入，即通过对上节课有关知识回顾，为本节课找到一个开始教学的逻辑起点。问题导入，即通过向学生提问，引出本次课题，然后逐步解决问题，也就是开展教学。故事导入，即通过讲故事引发学生兴趣，然后在故事中牵出本课关联元素，切入本课教学。其外还有音乐导入、表演导入、录像导入、情境导入、范画导入、示范导入等等。凡此种种关键在于教师能根据学生情况和授课内容，巧妙设计并灵活合理地运用，做到“引人入胜，快速入课”。

达标测评类似于过去常说的课堂小结，在理念上更倾向通过对学生听课态度、提问和答问、作业等情况分析考察，就“学”的情况进行小结。达标测评是对本节课所讲知识进行梳理和概括，对本节课的教学活动和学生学习情况进行评价，对上好下节课教学内容进行简要安排。如果把课堂教学过程比作是一页一页打开书，那么达标测评就好像是一本书的封面，课堂教学最后 5 分钟左右的时间，就是通过达标测评把读过的书大章及目看一遍，并一页一页翻回去，然后把“封面”合上。

（八）作业要求

作业是美术教学目标的具体化，是教学的主要任务之一，是反映学生学习质量的客观标志。美术课布置作业的要求是：

1. 根据教学目标，设计具体可行的作业要求。

2. 作业要求应该明确交代给学生，如作业规格、工具材料、基本内容等，同时也向学生说明作业的评价标准，因为它具有导向作用。

3. 美术作业一般当堂完成。

美术课的作业要求是联系教师的“教”与学生的“学”的中介，也是联系教学目标和教学评价的中介，是十分重要的教学环节。若作业要求提得不妥、不明确，将影响教学目标实现，甚至导致教学的失败；作业要求太笼统，学生就会无所适从；作业要求提得太细，又可能会使学生顾此失彼，而评价时也会烦琐不堪。所以，作业设计并不是“课后一句话”的事，要认真对待。

（九）板书设计

成功的教学是高度的科学性和精湛的艺术性的有机结合的结果。所以坚持教学原则，采用艺术手法，浸润学生心田，努力使教学过程审美化，是我们教师的追求。板书是教学中所应用的一种主要的教学媒体，板书艺术则是教学艺术的有机组成部分，在现代化技术普遍运用的今天中仍起着不可替代的作用。

1. 板书有长时间地向学生传递信息的作用

板书首先是文字，是为了记录语言，传达信息。将语言用文字记录下来才能进行长时间的传递，如果只采用口传身授的办法，学生的印象就不够深。

2. 板书具有与实物不同的直观作用

我们知道上课时用实物演示、多媒体辅助进行讲解，会增强直观性，也能增强学生的兴趣，但它往往不能与教师语言同步，对学生的思维产生一定的干扰。板书则不同，它不仅直观，而且伴随着教师的语言和（写字）行为，与导学达标进程同步，和学生思维同频，不仅能吸引学生注意力，而且能加深学生的记忆。板书的内容就是一节课内容的轮廓、线索、精华，它将大大提高学生记忆效率。

3. 板书具有较大的灵活性

使用多媒体辅助教学易于突破难点。但是，这些教学媒体有一个共同的缺陷：要按照别人预先设计的环节进行，无法根据学生的特点灵活处理教材，即使自己制作的软件，也有类似的不便，因为教学过程中会有突发事件发生，会出现教师预先意想不到的问题，而板书具有较大的灵活性，可以根据教学的实际情况随时做出调整。

4. 板书有示范和审美作用

课堂教学的艺术离不开具体生动、富有表达力的语言，离不开基于扎实的专业知识和教学组织能力，也离不开直观、形象的优秀板书。板书直接影响到学生的书写能力，学生的模仿能力很强，记课堂笔记时会不自觉地受到教师板书字迹的影响，如果我们板书不工整、字写得差的话，学生们写得也可能不工整、写得差。特别是小学生，他们正处于识字、认字的阶段，教师的板书更应具有示范性。优秀的板书就像一幅画一样，能完整地保留在学生的记忆中，并给人赏心悦目的审美享受。

（十）课后小结（即教学反思）

课后小结是一种对教学过程的自我反思，有自我诊断、自我提高的作用。通过反思，检查和记录备课、上课中的疏漏，以便在下节课作纠正或补充，对下一轮教学进行改善。课后小结可以帮助我们及时总结经验，并使感性认识上升到理性认识，从而提高教学水平。

课后小结主要应该记录教学中成功与失败、教学中的灵感、改进或发展方法与计划等。

（十一）教案的形式

教案大体有两种形式：一种是纯文字式；一种是表格式。纯文字式比较自由，表格式比较清晰，两者各有优点。美术教案的写法与语文等学科教案的写法基本相同，在教育学课程里面讲得比较清楚，下面选两个例子。

1. 文字式教案

《生活中的色彩搭配》教学设计

一、教学课题

《生活中的色彩搭配》

二、教学时间

1课时

三、学生分析

本课的授课对象是初中一年级学生，这个年级的孩子对色彩知识具有初步的了解，但对色彩搭配的认识有限，缺少运用色彩基本知识和规律去感知色彩现象的能力。

四、教材分析

本课题选自人美版义务教育课程标准实验教科书七年级第13册。它是中学美术六册系列色彩学习的引导课。与后五课共同围绕色彩搭配带领学生进行探究。突出的特点是把对色彩知识和规律的学习生活化、实践化，帮助学生学会感知色彩现象。

五、总体设计思路

在新课程标准探究性、实践性、体验性等原则的指导下，这堂课试图以色彩搭配知识与相关学科知识整合的方式和综合探究性的活动，使学生认识色彩搭配艺术，感受人文内涵的滋养。充分体现新课程学科的整合和关联，并给予学生足够的创造空间，培养学生逐步形成感受和运用色彩的能力，使学生更加关注多彩的生活，关注生活中的色彩搭配。

六、教学目标

1. 帮助学生认识色彩的基本知识和规律。

2. 生活中色彩无处不在，启发引导学生去观察生活中的色彩现象。

3. 了解恰当的色彩搭配体现着人们对色彩规律的认识与对美的追求。

七、教学难点

1. 使学生学会用色彩基本知识和规律去感知色彩现象。

2. 学生能运用色彩知识去进行色彩搭配的练习，并进一步应用于生活。

3. 使学生了解不同色彩搭配所体现的多种文化艺术内涵。

八、教学准备

1. 教师准备：多媒体辅助课件、投影仪、范例图片等。

2. 学生准备：收集不同的色彩搭配实例、图片、水粉颜料、水粉纸等工具。

九、教学过程及设计意图

（一）创设情景，歌曲导入。

播放歌曲《生命色彩》，正如这首歌中所唱：“绿色最动人外，红黄蓝白黑出一般可爱，在对自己说因有了色彩，令世间真的太可爱……。”色彩可以感染人的情绪，它也是生命的象征。

［设计意图］以歌曲导入新课引发学生学习兴趣，在歌曲情境中激发学生主动探究色彩现象的热情。

（二）表演体验，主动探究。

教师提问：你最喜欢哪一种色彩？它带给你什么样的感觉？用简单的动作把你对色彩的感情表演出来？

（有学生表演斗牛的动作，同学们猜红色，表现出热烈、激情的色彩感觉；有学生表演劝架的动作，同学们猜绿色，感受出和平的色彩感觉；有学生表演接到一封信后痛苦的动作，同学们猜黑色，体会到沉重、悲伤的情绪。）

教师归纳：原来色彩给人以这么丰富的感觉。因此，不同的色彩对应着人们不同的情感。马克思曾说过：“色彩的感觉是美感的最普及的形式”，而不同的色彩搭配又体现了不同的色彩感觉。在我们的生活中色彩搭配的应用随处可见，老师收集了一些不同的色彩搭配应用图例，我们一起来探究一下。

[设计意图] 学生通过对色彩感悟的表演，并看表演猜色彩，自然而然地进入探究学习状态，发表自己的感悟、认识。使学生简单地了解色彩现象。

(三) 观察分析，开放探究。

教师展示图例：请学生分组观察、分析、讨论，这些图例中的色彩搭配带给你什么样的感受？表现什么样的内涵？并试着从中寻求一些规律性的东西，进一步推论。

让学生小组讨论交流并汇报结论。在探究过程中鼓励学生有不同的见解甚至争论，引发学生探究学习的兴趣。

1. 民俗图片（课件展示）

学生汇报结论：带给人热闹、吉利、红火、热烈的感觉，表现喜庆气氛。生活中人们喜欢用红囍字、红棉袄、红蜡烛、红春联、红鞭炮、红寿字等来表现喜悦吉祥，与人们追求幸福平安、驱邪消灾的心理吻合。

教师归纳：除了不同社会文化背景对色彩搭配的美感不同外，个人的年龄、性别、职业，都会使人对同一种颜色产生不同的联想。

[设计意图] 让学生在讨论探究中，认识不同的文化背景体现着不同的文化艺术内涵和审美情趣。

2. 荷花图片（课件展示）

教师板书：南宋·杨万里的古诗《晓出净慈寺送林子方》：

毕竟西湖六月中，风光不与四时同。接天莲叶无穷碧，映日荷花别样红。

教师提问：这是一首写景抒情、寓情于景、脍炙人口的诗篇。同学们来探究一下诗句中体现了什么色彩现象？体会到什么色彩感觉？

学生汇报结论：从诗句“接天莲叶无穷碧，映日荷花别样红”中体现了色彩现象，诗中说：六月的西湖看上去，碧绿色的荷叶，无穷无尽，好像一直连接到天边；荷花映在早晨的阳光里，红得特别鲜艳。诗人用一“碧”一“红”突出了莲叶和荷花，给人强烈的视觉感受。红和绿对比，使整幅画面绚烂生动起来。

学生进一步推论：红与绿、黄与紫、橙与青等色相悬殊的颜色，放在一起时，色彩感会更加鲜艳强烈。

教师归纳：你们推论出来的就是“对比色”的概念，指性质相反的色相。对比色互补衬托，引起了强烈对比的色觉，红的将更红，绿的将更绿，本诗就利用这一色彩搭配现象，引导读者领略西湖美景，以直观的感觉，强化了西湖的美。

学生进一步推论：在很早的时候，人们已经知道了色彩搭配的重要性。文学创作中包含着色彩搭配知识，这说明美术知识与其他学科知识是相互联系的。

3. 室内设计图片（课件展示）

学生汇报结论：给你以温暖的感觉，表现主人悠然的心境。色彩是用不同的深浅的黄色搭配的。

学生进一步推论：这种色彩搭配是一种颜色不同深浅变化的搭配。

教师归纳：你们推论的就是“同类色”的概念，即同一色相的色彩不同深浅变化的搭配。而红、黄、橙等给人温暖的感觉，称为“暖色”。

学生进一步推论：因此青、绿、蓝、紫等颜色有寒冷的感觉，被称为“冷色”。

教师归纳：不同性质的色相造成冷暖的不同色觉，我们称为“冷色”与“暖色”。

冷暖的色彩现象均是相互比较而言产生的。

4. 书籍封面图片（课件展示）

学生汇报结论：由红色、橙色搭配，两种色彩的面貌近似。

教师归纳：就像同学们认识到的，如红与橙，橙与黄，黄与绿，绿与青，青与紫，紫与红等，颜色的色相相近似，我们称“邻近色”。

5. 服装图片（课件展示）

学生汇报结论：色彩越鲜艳，给人的感觉越华丽，彩度越低越朴素。

学生进一步推论：色彩不但会带给人华丽、朴素的感觉，还会带给人轻重和软硬的感觉。生活中到处都存在色彩搭配现象，色彩搭配在我们生活中发挥重要的作用。

教师归纳：彩度的高低又称为“纯度”。不同的色彩搭配会带给我们不同的感觉，色彩现象体现在生活中的方方面面，如服装、广告、商品、室内装饰等。所以，职业新宠——色彩搭配师产生了，色彩搭配师职业的兴起，迎合了现代人的生活需求，这说明社会对色彩搭配作用的重视。

[设计意图] 这个环节的设置是对前一个教学环节的深入。通过前一个教学环节，学生对色彩现象有了初步的认识，而在本环节里，把感知到的色彩现象进一步深化，从而归纳出色彩基本知识：对比色、同类色、邻近色、冷色、暖色等，并且学会感知色彩的冷暖、轻重、软硬、华丽、朴素、热闹、安静等色彩现象，认知每一种色彩现象的背后都体现着不同的色彩搭配。学会感受色彩搭配艺术所体现的多种文化内涵。

(四) 巩固知识，拓展探究。

接下来教师带领同学们玩“找朋友”的游戏。教师把色相环拆开，变成多个单一的色块，给同学们每人发一个色块。课前同学们收集了在生活中遇到的色彩搭配问题，现在同学们就提出自己的问题，结合所学的色彩搭配知识和感知到的色彩现象，找到解决问题的色彩搭配方案，然后快速地找到手中相应色块，同时让学生充分发表自己的见解，相互交流。在游戏过程中巩固所学知识，提高学生学习兴趣。

（学生提出的问题五花八门。如：我们班级的墙壁用哪种色彩适合？联欢会的环境用什么色彩搭配更能突出喜庆欢快的气氛？电冰箱的色彩哪种适合？……）

[设计意图] 本环节将探究学习进行拓展，并让学生体会探索求知的乐趣。故在此设计了色彩搭配应用游戏，来引导学生进一步深化学习效果，并向生活延伸。

(五) 绘画学习，实践探究。

下面进行分组合作，比一比哪组能用所学的色彩搭配知识，创作出美丽的作品，画一幅“色彩的情感”。

教师出示练习题：运用色彩搭配知识表现浪漫的、朴素的、热情的、沉静的等等色彩感觉。

学生作画，教师巡视指导。引导学生实践探究，鼓励学生大胆创新设计。

[设计意图] 使学生进一步进行色彩搭配练习。学生在练习时，创造性活动开始了，这种练习可以使学生摆脱原有色彩搭配的束缚，扩展感知色彩现象，发现色彩搭配的生命力，给学生创造的空间，挖掘学生的创造潜能，培养合作能力。

(六) 展示作品，汇报交流。

学生相互介绍自己的作品，交流创意，相互评价。让学生大胆地发表意见并与同学交流。

［设计意图］通过学生自评、互评，提高学生自主学习能力，建立自信心。

（七）播放歌曲，审美升华。

播放歌曲《为了寻求美》，同学们都寻找到了“色彩的情感”，解决了生活中的色彩搭配问题，寻找到了生活中的色彩美。正如歌中唱：“我们为了寻求美，排成一条队，美就在那青青山，美在绿绿水，如果你要怕吃苦，美将要隐退……。”美不仅在外表，更在于心灵，美不仅在艺术中，还在生活中。用真诚和情感去感悟生活，去追寻美的喜悦，你就会享受美的和谐和欢乐，感受人生的丰富多彩。

［设计意图］这样的教学设计激发了学生对美术学习的兴趣，加深对美的追求，增进学生的身心健康。

十、教学评价

通过学生综合探究、充分发挥学生自主学习能力。主要围绕以下几点进行评价：

1. 能否联系生活实际，分析评述色彩搭配的优劣？

2. 能否积极探究，正确描述范例所显示出的色彩效果、人文内涵？

3. 能否发现、感受生活中的色彩美？

4. 能否运用色彩知识来评价生活中的色彩现象，并且大胆地发表意见与同学交流？

5. 能否用较准确的美术语言，评价学生的作品？

十一、结果分析

本课教学借助综合探究活动，使整个学习过程在学生自主发现、感受、学习、表达、探索中进行，教师只在其中穿针引线，充分体现了学生的主体性，培养了学生自主学习能力。学习重点从美术课只重专业知识与技能的现象，变成重视艺术感受、表现和创造力的培养，把美术更多地与文化、生活相联系。由此也整合了学生的社会生活情境和审美意识、人文意识、技能意识，使学生在课堂上得到了美的享受，感受到了学习的愉悦。

（作者：类学智，吉林省延吉市第十二中学二级教师。略有变动。）

2. 表格式教案

第一种，以教师教学活动和学生学习活动呈现教学过程，表内内容仅包含教师教学活动和学生学习活动。

教学过程及教师活动设计	学生活动
分析、欣赏作品 出示《最后的晚餐》、《大卫》、《西斯廷圣母》等作品并进行比较。 问：这些作品是如何提倡人文主义思想的？ 这些作品都是冠以神灵的名义，表现世俗的生活，表达自己对善与恶、美与丑、崇高与卑鄙的鲜明爱憎，具有强烈的“人文”特征。 1. 欣赏《最后的晚餐》 这件作品是达·芬奇在米兰活动期间，接受米兰圣马利亚·德烈·格拉契修道院的订件而作的，费时三年。（放《世界美术名作赏析》） 《最后的晚餐》取材于基督教《新约全书·马太福音》关于耶稣被犹大出卖的故事。逾越节的第一个晚上，耶稣自知死期不远，召集12个门徒共进晚餐。	了解人文主义思想及其在作品中的表现

教学过程及教师活动设计	学生活动
这是一个传统圣经题材，两百年来许多画家都描绘过它，但达·芬奇的作品却卓尔不群，他从人物活动及性格心理特征上深化了故事的寓意性。他表现的都是有灵魂、有思想的活生生的人，酷似现实生活中的人在进行一场正义与邪恶的较量。犹大的贪婪、急躁、丑陋与耶稣的无私、沉着，圣约翰的秀美，圣彼得的坚强勇敢、富有正义感形成鲜明对比，表达着作者对人世间的崇高与卑鄙的爱憎，对善恶、美丑的评判。	欣赏《最后的晚餐》
（出示几幅不同的《最后的晚餐》作品进行比较） 问：达·芬奇在《最后的晚餐》这张画中采用了哪些处理方法？ （1）人物分作四组的聚散 （2）背后的窗户取代了传统的光圈 （3）红袍 （4）引导学生延续天花板的斜线，看看有何发现 （聚焦于耶稣身上） 在构图上，他一反传统人物的平列组合，通过聚散变化，形成一种运动感和戏剧性的效果，体现多样统一的艺术原则。 在背景与空间关系的处理上，达·芬奇用透视法表现出空间深度。整个透视线集中于耶稣，造成视觉中心，突出了耶稣的主体地位。而且光影的运用也颇具匠心，所有人的面孔都处于光照中，而唯独犹大的面孔处于阴影中，既避免了画面的单调感，又产生一种象征性的暗示，耐人寻味。	比较几幅同一题材作品，找出它们不同的处理方法。

第二种，分类更细，列出教学环节、教学内容、师生互动和设计意图，表格内包括更多栏目。

教学环节	教学内容	师生互动	设计意图
导入	提出问题： 同学们，中国自古以来就是一个历史悠久的文明古国，勤劳善良的中国人积累了许多独特的文化。大家想想看最能代表“中国”的物品有什么？ 学生回答。（瓷器、中国结等） 回答很好，如果说四大发明、瓷器等是中国人聪明才智的象征，那么，“中国结”便是中国人心灵手巧的又一杰作。“中国杰”是中国传统的编制工艺，它被视为吉祥之物，代表着人们美好的祝福。 今天，老师就先带领同学们在历史的长河中回味一下“中国结”的韵味，然后亲手制作，好不好？（学生热情回答）（板书本课课题：“中国结”的工艺制作）	教师提出问题、创设情景让学生在已有的知识基础上探究问题、发现问题。学生积极思考，教师继续引导，并逐步引出课题。	一节课能否成功，导入是一个关键。在学生已有的知识基础上，采用提问的方式，诱发学生的好奇心和求知欲。

（续表）

教学环节	教学内容	师生互动	设计意图
知识讲解	“中国结”的源、承、艺、祈 一根红绳，就这么三缠两绕；一种祝福，就这样编结而成。 在钢筋水泥的现代丛林里，人们表达祝福的方式也更现代了：打个电话，发个E—mail、礼仪电报、礼仪鲜花等，让追求简洁明快的作风、讲究效率的现代人似乎忘记了某些传统的东西。然而，当年底的商场里挂满中国结时，人们可否发现，这蕴涵悠悠古韵的手工编织艺术，正是“另类”的祝福，可以为现代人的“咖啡生活”添加一点茶的芳香？ 源（发展历史）	教师引导学生逐渐发现、探究、学习知识，学生积极讨论，巩固知识。	由一条主线引出“中国结”的起源、发展、特点等内容。伴着学生的好奇心，强化学生对知识的理解和认识，增强爱国主义情感，并为以后的创意制作做好铺垫。

当然，这两个表格呈现的仅是教学过程，表格的前面还应加上课型、课时、授课班级、教学目标、核心目标（教学重难点）、教具与学具准备等，才能称得上完整的教案。如下表，是比较常用的教案形式。

表格式美术教案（标准样表）

<table>
<tr><td>课　题</td><td colspan="2"></td><td>授课班级</td><td></td><td>课型：</td><td></td></tr>
<tr><td>设计思路</td><td colspan="6"></td></tr>
<tr><td>板书设计</td><td colspan="6"></td></tr>
<tr><td>教学资源</td><td>工具材料
教学设施
资料</td><td colspan="5"></td></tr>
<tr><td>学习目标</td><td>单元目标
具体目标
核心目标</td><td colspan="5"></td></tr>
<tr><td rowspan="2">教学过程</td><td colspan="2">教师的教学活动</td><td colspan="4">学生的学习活动</td></tr>
<tr><td colspan="2">1.
2.
…</td><td colspan="4">1.
2.
…</td></tr>
</table>

（续表）

课　题		授课班级		课型：	
教学评价					
教学拓展					
教学反思					

课时教学计划是教师为组织和指导一堂教学活动精心设计的施教蓝图，或者说，教案是教师进行课堂教学的“剧本”，它直接关系到一节课的成败。所以，课时教学计划设计是教师必须具备的基本功。

思考与练习

1. 实施单元教学计划应处理好哪几个方面的问题？
2. 编写教学计划有哪些流程？
3. 新课程的“三维目标”指的是什么？
5. 课时计划编写过程中容易出现哪些问题？

第六章 美术作业评阅及课外活动指导方法

第一节 | 美术作业评阅方法

一、作业评阅的目的意义

美术作业，是学生学习美术的重要成果，它记录着学生成长的轨迹，是评定学生美术习成绩的主要参考，同时，也是教师评价教学效果，了解学生情况的依据。此外，作业还可以帮助教师进行教育科学的研究，是教科研工作必不可少的材料。教师应当重视学生作业，要注意留存有代表性的作业。所谓有代表性，就是对总结教学有用，对科研工作有用。

作业是学生的劳动成果，教师应当给予足够的尊重和爱护。对学生作业都应当及时批阅，并及时发给学生，不能只布置不评阅，也不能打个成绩一放，到期末来个“一次性”返还。

教师还要对学生的作业做好记录，做好行程性评价。对留校作业要妥善保存并征得学生同意。长期留校的作业，要给作者发纪念证书。

从管理学的角度上说，评价作为间接制度，是教学目的、要求得以实现的保障。作业评阅对教学目的的实现是一把双刃剑，做好了，对师生和教学都有促进作用，做不好，将影响学生学习积极性，影响教学效果，甚至使教学流于形式。

二、作业评阅应注意的问题

（一）作业不代表学生的全部成绩

对于学生成绩，要看到除作业之外还有学生在学习过程中的各种表现，如美术知识方面的理解与识记、美术评论能力、美术应用能力、美术创造能力以及学习态度等。这些往往不能从作业上完全反映，教师在评阅作业时，必须全面考查学生学习状况，既重视结果又重视过程，避免只根据学生作业优劣来判定他们美术学习的成绩和能力，否则，就会使美术陷入涂涂画画的泥淖。

（二）必须考虑学生的差异

第一章我们就讲到学生是有差异的人。造成学生差异的因素有先天的也有后天的。如，智力倾向上的差异，有的学生不善于视觉思维却精于逻辑推理，有的学生不善言谈却心灵手巧；环境的影响差异，有的学生家境好，经常外出旅游，到博物馆、艺术中心参观学习，经常写写画画，眼界就比较开阔，而有的学生家庭经济状况不太好，没有画画条件，上学前几乎没画过画。这些都会导致在美术学习上的差异，如果用同一种标准评判他们的作业，显然不合适，也不公平。有时，我们对水平有差异的作业打相同的成绩，表面看似乎有所不公，实际上就是注意到了学生的差异性。这就好像小学的 100 分和初中的 100 分，相等中含有事实上的不同，不等中存在本质上的相同。

三、美术成绩评定办法

（一）成绩评定的方式

1. 发展性评价　即对学生一段时间内前后的情况予以评价，也就是对学生学习情况进行纵向比较，是自己和自己比较。进步大的，予以鼓励，成绩评定要比以前高；退步的，评定成绩要适当比以前低，并要指出问题所在，提出要求。

2. 行程性评价　是对学生某一阶段学习达到的水平予以评价，即对学生学习情况进行横向比较，是现实水平和教学实际要求相比较。横向比较是以每一个学生的实际水平为基础的，比较的是各自的长处和优点，而不是专挑错误和缺点。从某种意义上说，老师应该是淘金者，就是寻找每个学生的闪光点，并通过评价让它放出光彩。但发现学生作业闪光之处并非易事，需要教师付出爱心和责任心，要带着学生的心理用欣赏的目光去看学生的作业。

（二）评分制及评判办法

1. 等级制　即用等级来评判成绩。等级一般采用五个：优、良、中、及格、不及格。美术成绩其实很难定量分析的，所以不少学者和老师倾向于用等级评定学生的美术成绩，这样操作性更强，更客观。至于美术高考，那是选拔性考试，就另当别论了。用等级的方式对学生的成绩进行评定，看上去似乎不细，不够精确，但就像画画的长线条、大块面，虽不尽细致，却最能概括其全貌，恰恰能在一定范围内最正确地反映成绩。等级制有三种表达方式："1、2、3、4、5"的数字式、"$A_{\pm}$、$B_{\pm}$、$C_{\pm}$"6 字母式和"优、良、中、及格、不及格"文字式。三种方式各有特点，数字式简洁，字母式稍细，两者都自然平和，但激励力量不足。文字式感情色彩较浓，激励作用明显，但有时会伤及学生的自尊心。所以，几种方式可结合起来灵活运用。

（三）评定成绩要注意的问题

1. 评定成绩要根据教学目标，从认知、情感、技巧三个方面，即"三维目标"综合考虑。具体包括课堂回答、作业态度、创造性等智力与非智力表现，而不只是对学生作业单方面评价。教师只有多了解学生，观察美术学习的整体表现，评定的成绩全面、客观、正确。

2. 注意给写作业评语，有针对性地给予学生指导、表扬。如"这个花瓶设计得有新意!"、"如果颜色对比再强一些，会更好"，使学生看到成绩不只是一个简单的结论，而是一个新的起点。

3. 注意把成绩写在适当的位置上，不能太随意，以免影响学生作业美观，写评语更要注意这一点。一般说，成绩、评语写在作业的背面比较合适。这也体现教师对学生作业的爱护，对他们学习成果的尊重。

第二节 | 美术作业陈列方法

一、作业陈列的意义

学生优秀作业的陈列，是一种“交流”，这种交流对学生有积极的促进作用，特别是对低年级学生。作业陈列还有利于改变学生从家庭生活中带来的偏于狭隘心理，以更虚心的态度互相学习，以更加包容的心态接受和欣赏美，所以教师要把这项工作列入美术教学计划中。

此外要注意选择陈列的作业时，不能只顾表面的整齐好看，总是选那么几个所谓“好学生”的作业，应照顾到全体学生，以期全体学生受到鼓励。

二、作业陈列的方式

（一）教室陈列

就是把作业贴在教室的宣传栏上或前后黑板的两边，或布置在流动的展板上，靠在教室里。陈列一般一学期进行一两次，要注意照顾全面，尽量让每个学生都有“上墙”的机会，在陈列作业下面，学生可以写点“画外话”，教师也可以适当写几句“点评”，把它打造成美术学习园地。对于当堂的陈列（即结课阶段展示学生当堂的作业），教师要及时组织学生现场交流，互相学习。

（二）楼层陈列

就是将作业布置在楼梯口或走廊。楼层陈列较之教室陈列开放些，影响面大些，能促进班际交流，也能引起更多教师对美术课的关注和支持，要经常更换，营造浓厚的美术氛围。

（三）学校陈列

就是学校建“美术之窗”，或在宣传栏专辟一个园地展示全校学生的美术作业。学校陈列是校园文化的重要组成部分，所以陈列的作业要以质量为主，兼顾班级。成列要规范整齐，每幅作业下面有标签，写明学生的姓名、班级、作品题目、指导教师等。学校成列应当给学生这样一种感觉：能够在学校中陈列自己的作业，是校级荣誉。学校陈列每学期可进行一到两次，教师要注意带学生去参观、评价，把它当做一种学习资源进行利用。

（四）专题作业展

专题作业展是一种打破班级界限、展示学习成果的好方式，例如，“邮票设计作业展”、“保护环境、爱护动物美术作业展”等。专题陈列的作业，是学生根据自己的生活体验进行的创作，不同班级不同年级的学生可以同时参与，呈现出多元的面貌。

此外，以自愿为原则，组织学生个人画展或几个学生美术联展也是一种非常好的作业陈列形式。作为校园文化建设的重要组织部分，美术作业陈列会活跃校园的气氛，拓宽美术教学的时空，增加学生交流的渠道，对学生以后的成长会产生深远影响。

第三节 | 课外美术活动概说

课外美术教育活动是学校课余美术活动与校外美术活动的总称。课余美术活动是指学校在课堂教学计划之外对学生所进行的各种美术教育活动，是课堂美术教学的延伸和补充。校外美术活动则是指由校外教育机构或家庭组织对学生进行的美术教育活动。中小学课外美术活动是学校美术教育的重要组成部分，也是一种重要的教育形式。

一、课外活动的目的和意义

课外美术活动以其丰富多彩的内容和形式活跃着学生校内外生活，对促进学生素质的全面发展发挥重要的影响。通过开展课外美术教育活动能增长学生的美术知识，开阔眼界，满足学生多方面多层次的发展要求，有利于发展学生美术方面的才能。课外美术活动开展得好坏，是衡量美术教师和学校艺术教育工作的依据之一。原国家教委在《全国学校艺术教育整体规划》（1989—2000）中强调：“各级各类学校和校外教育机构应积极开展课外艺术教育活动，充分利用学生的课余时间和校外教育阵地，组织学生艺术社团或活动小组，举办专题艺术讲座，进行艺术实践活动，发展学生的艺术兴趣特长，丰富他们的精神生活，优化他们的文化教育环境。”这既是对课外美术活动的定位和基本要求，也指明了课外美术活动的意义。

我国有些地区的美术教育，由于受到经济条件与优秀师资短缺等因素的制约，教学条件不够理想，中小学美术教学还显得薄弱，那种真正将生活乐趣、艺术实践、服务社会相结合的全面发展的中小学美术教育新局面还不明显，这种情况下，如果能开展好课外美术教育活动，对促进学校美术教育的健康发展就显得有非常大的现实意义。

二、课外活动的组织形式

课外美术教育活动因参与人数的多少分为集体性美术活动、兴趣小组美术活动、学生个别性美术教育活动三种组织形式。

（一）班集体美术活动

这是指参与人数较多的课外美术教育活动组织形式，活动内容包括观看专题美术电视、电影、录像，参观各种艺术展览、展示，请美术家讲座、示范，组织学生举办展览、举办主题班会，参观博物馆、工艺厂、花卉植物园等。集体性美术教育活动是对课堂教学时空的拓展，能充分调动大多数同学的美术学习兴趣。

（二）兴趣小组美术活动

这是课外美术教育活动最基本最普遍的组织形式，是按对美术的兴趣爱好建立的组织，可细分为儿童画、版画、中国画、工艺制作、设计、素描、卡通画、漫画等多种兴趣小组。兴趣小组的人数不宜过多，一般以 20 人左右为宜，有专门的美术教师组织、指导。

（三）个别学生的美术教育活动

这是在学校教师、校外教师或家长指导下，对个别学生（也可说个人）进行的美术教育活动形式。个人美术活动的组织形式具有较大的灵活性，时间、地点、内容的安排依据学生的实际情况随机确定，如聘请美术教师上门家教或由家长带领外出旅游写生，都属个人美术教育活动。个人活动可与小组活动相互补充，以便最大限度地发展学生的美术才能。

这三种组织形式是相辅相成的。集体性活动是小组活动和个人活动的重要基础，小组活动和个人活动是对集体性活动的发展，是面和点的关系。所以，不同组织形式的课外美术教育活动，实际上是课内外相结合、校内外相联系、普及与提高相统一的关系。

三、课外活动的内容

（一）以增强美术知识与修养，陶冶高尚情操为主的内容

就是把美术作为一种文化来学。如美术作品的欣赏、美术知识讲座、拜访艺术家，参观各种艺术展览、工艺美术作坊、名胜古迹，甚至包括春游等。通过这些学习，了解美术、美学、美育方面的知识，扩展审美视野，加深对自然美、人文美、社会美、艺术美的认识和感受，促进审美能力的发展，陶冶情操。

（二）以培训和发展学生美术技能技巧为主的内容

课外美术活动主要目的是提高学生的美术技能特长，增强表现能力和创作能力，通过校内课外美术小组和校外教育机构的组织指导，进行特长训练。这也是学生和家长的主要期待。因此，儿童画、水彩画、水墨画、素描、版画、漫画、电脑绘画、剪纸、刺绣、泥塑陶艺、编织、木工、纸工、金工等都是课外美术活动的内容。

（三）随机性的活动内容

课外美术教育活动没有课堂教学那样严格的纪律约束，随机性和灵活性都比较强，学习内容也很灵活，如现场美术表演、各类美术竞赛、参加美术夏令营等。这类活动虽然不是很多，但对学生的影响是很大的。

四、组织课外美术活动的基本原则

组织指导课外美术教育活动，是学校教育工作的一部分，是美术教师和班主任应该共同做好的一项工作。课外美术教育活动要面向全体同学，但不要强迫学生参加。在活动进行过程中应考虑到学生的娱乐心态，应让他们在轻松愉快的气氛中去完成每一项美术活动。每一次活动的内容都应是积极向上和有益学生身心健康与能力发展的，不能过于求奇求新而把那种怪诞的东西搬到课外美术教育活动中。归纳起来说，组织开展课外美术活动应遵循自愿、自觉、自主、快乐、有益的原则。

五、组织课外美术活动的基本要求

1. 要明确课外美术教育活动的目的，认真、负责、有效地开展活动。要制订好课外美术活动的计划，有步骤有地开展好每一次活动。课外美术活动虽不像课堂教学那样严谨，但也不能盲目随意，应保证活动的质量。

2. 课外美术活动的内容与形式要符合学生身心发展特点。中小学生的年龄跨度较大，课外美术活动内容和形式要注意适应不同年龄段学生的学习心理。

3. 处理好课堂教学与课外活动的关系。课堂教学是课外活动的前提与基础，课外活动又能促进学生消化和巩固课堂知识。不要将课堂的“双基”教学留待课外活动去完成，课外活动也不要刻意排斥课堂教学的内容；不要把课堂教学神圣化，也不要把课外活动庸俗化；不能因为让课外活动加重学生学习负担，也不能让课外活动流于形式。

4. 要安排好课外活动的时间和场地。课外美术活动的次数以每周一次为宜，每次时间不宜太长，场地一般安排在专门的美术教室或其他有美术氛围而又安全的地方。

第四节 | 课外美术活动指导方法

课外美术教育活动指导同样要遵循课堂美术教学的基本方法，但是，课外美术活动毕竟不同于课堂教学，有些特色性的课外美术活动要有相应的方法指导才更有效。

一、堆雕指导方法

进行堆雕活动，教师事先可选择一个开阔的浅水沙滩区或者校内的沙池，还要交代学生带小水桶和小铲子等工具。然后，先指导学生用湿润的沙子堆雕动物等小型作品，在学生有了一次沙雕经验后，再组织学生合作堆雕较大型的作品，如龙、鳄鱼、古建筑或某种乐园等。组织学生合作堆雕，要注意给学生分好工，要更清楚地给他们讲解堆雕的程序。如果在校内沙池堆雕，因场地较小，可以将学生分成几个小组，先后分批进行堆雕。活动结束以后，将作品拍照留存，清理好场地垃圾。

二、节日环境布置指导方法

教师要指导学生首先了解节日的相关背景知识，确定主体，拟定装饰布置的具体方案，要求学生准备好材料和制作用具，然后根据学生的特长进行分工。要注意在布置的过程中培养学生的协作意识，优化工作流程意识。布置完成以后应进行总结评价，拍照留念。

三、电脑绘画指导方法

电脑绘画是学生兴趣比较高的课外美术活动，也是现代教育技术发展的要求。指导电脑绘画，教师自身必须具备较好的电脑操作水平和电脑绘画水平，必要时也可以请专业教师协助进行技术指导。电脑绘画需要美术基础作支撑，但更多的是依赖电脑技术，所以指导学生电脑绘画的重点是介绍绘画软件的使用方法；电脑绘画一般都是创作画，没有写生或临摹，所以指导学生搞好创意是关键。学生画完后，教师把他们的作品收集到一起在电脑上进行展示，或者打印出来，装订成册展示交流。

四、手抄报指导方法

开展好手抄报活动，美术教师要和班主任协作指导。手抄报指导首先是指导学生明确手抄报的主题，并根据主题确定版面样式。其次，指导学生查阅相关报刊，参考其版面设计初步进行版面分割，设计版面结构。然后指导学生明确制作流程，进行合理分工，分步进行排版、标题、书写、插图等工作。每次手抄报做完以后应按整体效果（包括文字内容）、排版、插图等分项进行评价，每学期在班级或年级开展一次手抄报评比和展览，对成绩较突出的手抄报制作团队和个人进行表彰。

思考与练习

1. 美术作业的本质是什么？
2. 美术作业评阅应注意哪些因素？
3. 调查两所学校开展课外活动的情况，拟一份课外活动计划。
4. 谈谈如何对待美术课外活动的参展与考级问题？

第七章 | 美术教育见习与实习

第一节 | 美术教育见习

美术教育见习的目的在于通过观察、交谈、思考、参与、评议等方式，使大学生初步了解中小学美术教育的状况，培养从事中小学美术教育工作的志向和兴趣，加深对教育理论课程和中小学美术教学论的理解，体验和感受美术教师的光荣感和责任感，培养热爱教育的感情以及良好的职业道德和专业思想。

一、美术教育见习目的和任务

（一）美术教育见习的目的

1. 使学生认识中小学美术教育在素质教育中的地位与作用，认识中小学美术教育与美育的关系。

2. 使学生了解中小学美术课堂教学和课外活动的基本情况，初步学会听课和评课，培养其热爱中小学生、热爱中小学美术教学事业的思想感情。

（二）美术见习的任务

1. 考察学校美术教育状况，增强学生对中小学美术教育在素质教育中地位与作用的认识；

2. 评价中小学美术课堂教学与课外活动的基本过程，为将来的实习做好准备。

二、美术教育见习的过程与要求

（一）准备阶段

第一，回顾和梳理大学阶段学习的教育学、心理学以及美术教学论等理论知识，做好中学美术教学理论准备和心理准备，拟订见习计划。

第二，通过电视、互联网等多种途径，间接了解中小学美术教育现状，阅读一些中小学美术教学的论文，形成对中小学美术教学见习的良好期待。

第三，观看中小学美术课堂教学录像，间接了解中小学美术课堂教学过程、模式和方法，为在见习期间开展教学评价找到一个参照。

（二）见习阶段

第一，了解学校情况。通过观察校园环境、访问教师、与学生谈心等，了解学校美术教育开展的情况。

第二，课堂见习。通过跟班听课，协助老师辅导与批改学生作业，了解课堂教学的基本情况，了解学生美术知识和技能现有水平，了解学生美术学习心理特征，学习老师教学经验。

第三，课外活动见习。通过参与、观摩课外活动，学习组织和指导课外美术活动的方法。

（三）总结阶段

按照美术教育见习计划的要求，进行见习工作的检查与总结。见习总结一般可分为全面总结、专题总结和个人小结三种形式，总结的内容包括两部分：一是对观察、了解到的情况的概述；二是依据所学理论和教学录像等间接经验，对见习学校开展美术教育的情况和课堂教学情况进行分析评价，提出自己的意见。

第二节 | 美术教育实习

美术教育实习是普本美术学专业（师范）和美术教育专业学生的实践教学内容之一，是中小学美术教师培养流水线上的最后工序，也是检验高校“教”和“学”两方面质量的手段。通过教育实习，使学生初步具备独立从事中小学美术教育工作的能力。

一、美术教育实习的基本任务

第一，通过实习，提高对为人师表的思想认识，在中小学教育的有关活动中，体验和感受教师的光荣与责任，激发从事中小学美术教育工作的兴趣，培养热爱教育事业的思想感情和良好的职业道德，巩固专业思想。

第二，通过实习，加深对所学知识，特别是美术教育理论的理解，巩固专业技能。

第三，通过实习，进一步训练和提高各项专业基本功，并能在课外活动和社会实践的综合运用中获得新的体悟和提高。

第四，通过实习，培养独立进行中小学美术课堂教学工作的基本能力和一定的教育教学管理能力。

第五，通过实习，检验高校教育教学工作水平及所培养的人才的质量，进一步明确高校教学改革方向。

二、美术教育实习的内容

1. 提高职业规范水准

教师的职业规范是在教育实践的基础上形成的，是在教师与学生的交往中形成的。实习生以“育人者”的身份参与教育实践，要时时处处做中小学生的表率，为人师表，把教育实习看做是提高教师职业行为规范水准的过程。

2. 提高职业能力水平

教育职业能力，主要指在正确的教育思想指导下，教学设计、课堂教学、教学评价和教育研究等方面的能力，其中，最主要的是中小学美术课堂教学能力和课外美术活动的组织与辅导能力。

三、美术教育实习的过程和要求

（一）准备阶段

1. 师德修养的准备。热爱教育事业，热爱学生，是教师职业道德的核心，是高校对师范生进行师德教育的重点内容。学高为师，身正为范。师范生必须重视和加强自身的品德修养，在校学习期间就要从身边小事做起，以教师的道德标准要求自己，逐步培养良好的行为习惯、高尚的道德品质，立志成为优秀的人民教师。教育实习前夕，应该在这些方面进行认真的反思和检点，在思想上先进入实习状态。

2. 专业基本功的准备。这是指实习前要做好包括中小学生美术教学基本功在内的专业基本功准备，如普通话、板书、现场示范、多媒体运用、教具与课件的制作与使用、课外活动组织等。

3. 熟悉实习计划。通过实习动员会、小组学习讨论会和个人阅读等方式，认真学习实习的基本内容和要求。

4. 试教和互评。通过微格教室等开展试教和互相评课活动，训练课堂教学行为规范，为上好第一节实习课做好充分准备。

（二）实习阶段

按照实习计划开展实习工作。实习阶段主要要做好六个环节的工作：

1. 积极了解情况。向指导教师请教，了解教材及教学进度，考察教学设备，熟悉教学环境。

2. 认真设计教案和进行试教。根据教材和教参，精心做好教学设计，认真编写教案并耐心进行试教，并在试教后，对教案进一步修改完善。

3. 上好实习课。按照事先准备的教案开展课堂教学，做到教态自然、语言流畅、情绪饱满，教学目标明确、全面、具体、适宜，教学内容条理清楚、有逻辑性、重点突出、阐述正确，师生互动有序，教学环节清晰，教学方法科学，板书工整合理。

4. 认真辅导和评改作业。按照美术作业设计与评阅的规范要求，认真辅导和评阅每一份学生作业。

5. 认真开展教学评价。无课的实习生应主动听同学的实习课，课后积极进行教学评价；上课的同学首先应该实事求是地进行自评，听课的同学应真诚地谈听课“心得”；实习小组应组织大家认真互评。

6. 接受指导教师指导。课前将教案送指导教师审阅，经签字同意后按其教案进行教学，同时邀请指导老师听课和课后点评。

（三）总结阶段

按照中小学美术教育实习要求，进行实习工作总结，实习总结一般包括四种：

1. 阶段总结，即对一定阶段（一周或两周）的实习情况进行总结，一般以总结会的形式进行；

2. 专题总结，即对某一专题进行总结、探讨和研究，如对新课导入方法进行总结探讨等；

3. 全面总结，即对整个实习情况进行总结。这种总结适用于班级或学校的实习工作总结，一般采用书面报告的形式；

4. 个人总结。这是指实习生对自己实习全过程进行的总结，一般包括四方面内容：基本情况、主要成绩、存在问题和主要感受等。

思考与练习

1. 设计一篇课时方案，并设计一个相应的 PPT。

2. 写一篇课堂教学评价。

第八章 | 美术课程评价

什么样的美术课才是优秀的？这是每一位美术教师都十分关心的问题，也是一个非常难以回答的问题。这不仅仅因为美术课类型较多，例如欣赏、绘画、设计，存在着不同的评价标准，而且课程评价的价值取向也是多元化的。一般来说，课程评价的目的是检验教学活动是否完成了课程目标，所以，评价的内容和标准也都是根据教学目标来制定的。现代教育观念认为，美术课程的评价不仅要看学生学习的结果，还要关注学生在学习过程中的行为，所以，美术课程的评价包括教学活动评价、学生评价、教师评价几部分。

课程评价是现代教学系统的重要环节，没有评价就无法客观、公正地判断课程目标是否达成，就不能有针对性地改进教学和提高教学质量。

第一节　美术课程评价的基本要求

美术课程的评价是指依据美术课程标准和所获得的信息，对美术课程实施过程及其效果做出客观、科学的判定。《美术课程标准》对教学评价提出了总体要求，这就是“促进学生全面发展，改进教师的教学，以及促进美术课程不断发展”。根据这个总体要求，我们提出以下几个标准：

一、客观性

美术课程评价要求在评价时或评价过程中采取客观的、实事求是的态度，不掺杂个人的情感和喜好，保证课程评价的公正与客观，否则评价就失去了其存在的价值与意义。课程评价要根据客观的评价标准、方法和手段来进行。要注意所制定的标准应适合每一个评价对象，否则会失去公平评价的基础。评价的标准一旦确定，就不要随意改动，而且执行起来一视同仁。

二、完整性

美术课程评价，要对课程的整个系统进行全面的、综合的考察与评价，不能以己度人，以耳代目，以偏概全；既评价教师，又评价学生；既要对一堂课评价，又要对一阶段的教学进行评价；既要对静态地教学目标、教学方法、教学用具进行评价，又要对动态的教学过程、教学互动情况和教学氛围进行评价；既要对教学中的“显”性要素评价，又要对“隐”性要素进行评价。

三、一致性

美术课程的评价，要与国家颁布的《美术课程标准》的要求保持一致。《美术课程标准》是衡量美术教学、美术教师工作质量和学生学习质量的基本依据与标准。课程评价的本质，就是要根据统一的标准，对教学工作的质量与教学效果做出评判。

四、多渠道性

多渠道是指在美术课程的评价中，要收集各方面的信息与意见，而不能只凭借某一方面或几个人的意见来评价。美术课程的评价要考虑多方面的因素，包括教师的自我评价、学生的评价，同时也要听取同行的评价意见，甚至包括家长的反映，这是客观、合理、科学评价课程的基本保证。

五、实录性

实录性要求评课者在评课之前，要对所听的这节课做全面回顾，要对照美术课程标准的要求，对照教材和听课笔记进行评价，无论是优点还是不足，都能做到“证据充分”，同时还要结合教师自评和学生评价的意见。评价还应该注意艺术性，说“好”说“坏”都要起到帮助教师提高教学水平的效果。为此，要拟写评价提纲。

提纲内容包括：本节课的优点、经验，主要特点或特色、不足或需要探讨的问题以及教学建议等。

第二节 | 课堂教学评价的内容和方法

课堂教学评价是对课堂教学活动的过程与结果做出的一系列的价值判断行为，具体是指收集美术教学系统各方面的信息并依据一定的客观标准对美术教学及其效果给予客观地评估。简单地说就是对一节课上的好坏进行评估。

一、评教学目标

我们知道，目标是行为的内在动因，目标越具体明确，行为的自觉性和积极性就越高，效率也越高。教学目标是教学的出发点和归宿，它的制订水平和达成质量，是衡量一堂课好坏的主要尺度，是课堂教学评价（俗称评课）的第一个内容。评价教学目标看两方面的情况。

第一，看教学目标制订情况，教学目标是否全面、具体、适宜。全面，指目标涵盖知识、能力、思想情感等几个方面；具体，指知识目标有量化要求，能力、思想情感目标要有明确要求，并体现学科特点；适宜，指确定的教学目标，能以大纲为指导，体现年级、单元教材特点，符合学生认识规律，难易适度。

第二，看目标达成情况，教学目标是不是明确地落实到了每一教学环节中，教学手段是否都紧密地围绕目标，为实现目标服务，是否尽快地接触重点内容，重点内容的教学时间是否得到保证，有没有获得理想效果。

二、评教材处理

评价一节课上的好与坏，不仅要看教学目标的制定和落实情况，还要看教材的处理情况。我们在评析教师一节课时，既要看教师在课堂上的知识教授得是否准确、科学、生动，还要看他在教材处理上，是否符合《美术课程标准》的要求，符合教材编写的意图，看教学重难点把握是否准确，看教学方法的选择是否合理，看对教材处理有没有创新，创新内容是否科学、成体系。

三、评教学程序

教学目标是通过一定教学程序达成的，教学目标能不能实现要看教师教学程序的设计和运作是否正确。因此，教学程序是课堂教学评价最重要的一项内容。教学程序评析包括以下几个方面。

（一）教学思路设计

做事、写文章要有思路，上课同样要有思路，这就是教学思路。教学思路是教师上课的脉络、线索，它是根据教学内容和学生水平两个方面的实际情况确定的。它反映教学措施怎样使用，教学环节怎样衔接、过渡，教学内容详略怎样处理，讲授与练习怎样安排等。

课堂教学思路是多元化的。为此，评教学思路要全方位分析：一是要分析教学思路符合不符合教学内容实际，符合不符合学生实际；二是要分析教学思路是不是有一定的独创性，能不能给学生以新鲜的感受；三是分析教学思路的层次、脉络是不是清晰；四是要分析教师在课堂上教学思路实际运作的效果怎样。要知道，有些老师课上得不好，效率低，很大程度上就是教学思路不清，或教学思路不符合教学内容实际和学生实际等造成的。所以，评课必须注重对教学思路的评析。

（二）课堂结构

课堂结构是指一节课的教学过程各部分的确立，以及它们之间的联系、顺序和时间分配。课堂结构也称为教学环节或步骤。

教学思路与课堂结构既有区别又有联系，教学思路，是侧重教材处理，反映教师课堂教学纵向教学脉络，而课堂结构，则侧重教法设计，反映教学横向的层次和环节。课堂结构的不同，也会产生不同的教学效果。通常，一节好课的结构是：结构严谨、环环相扣，过渡自然，时间分配合理，密度适中，效率高。课堂结构是通过计算教学时间来分析评价的。

计算教学环节的时间分配情况，看教学环节时间分配和衔接是否恰当，要看有没有“前松后紧”或“前紧后松”的现象，看教学有没有坡度，是否形成高潮，重难点与高潮切合程度，看讲与练时间分配是否合理等。

计算教师活动与学生活动时间分配情况，看是否与教学目的和要求一致，有没有教师占用时间过多，学生活动时间过少的现象。

计算学生的个人活动时间与学生集体活动时间的分配情况，看学生个人活动、小组活动和全班活动时间分配是否合理，有没有集体活动过多，学生个人自学、独立思考和独立完成作业时间太少的现象。

计算非教学时间，看教师在课堂上有没有脱离教学内容，做别的事或游离课题，浪费教学时空资源现象。

四、评教学方法和手段

评析教学方法、教学手段的选择和运用，是评课的又一重要内容。教学方法不是教师孤立的单一活动方式，它包括教师“教”的方式，还包括学生在教师指导下“学”的方式，是“教”的方法与“学”的方法的统一。评析教学方法与手段，包括以下几个主要内容。

（一）看是不是有效适用

我们知道，教学有法，但无定法，贵在得法。教学是一种复杂多变的系统工程，不可能有一种固定不变的万能方法。一种好的教学方法总是相对而言的，它总是因课程，因学生，因教师自身而变化的。也就是说教学方法的选择要“量体裁衣”，有效适用。

（二）看是不是灵活多样

教学方法最忌单调死板，再好的方法天天照搬，也会令人生厌。教学活动的复杂性决定了教学方法的多样性。所以我们评课，既看教师是否能够面向实际，恰当地选择教学方法，同时还要看教师能否在教学方法多样化上，下一番工夫，使课堂教学常教常新，富有艺术性。

（三）看是不是有改革与创新

评析教师的教学方法不仅要评常规，还要看改革与创新，尤其是评析“公开课”、“示范课”、“比赛课”等，更要看其改革和创新情况。如课堂上的思维训练的设计、创新能力的培养、主体活动的发挥、课堂教学模式的构建等方面有没有创新。

（四）看现代化教学手段的运用

现代化教学呼唤现代化教育手段。“一支粉笔，一本书，一块黑板，一张嘴”的陈旧、单一的教学手段应该有所改变。关于教学手段，主要是看教师对教学物质资源利用得是否合理、有效。如投影仪、录音机、计算机、电脑、电视、电影等现代化教学手段是否达到增加信息量、增加课堂知识密度，加强直观性、吸引学生注意力，优化教学情境、活跃教学气氛，增强教学效果的作用。

五、评教师教学基本功

教学基本功，是教师上好课的一个重要方面，所以我们评课，还要看教师的教学基本功。通常，从以下几个方面看教师的教学基本功。

（一）看板书

无论教育技术发展到什么水平，都不能替代板书的作用。好的板书，不仅设计科学合理，依纲扣本，条理性强，言简意赅，而且随教学进度渐次出现，字迹、排版工整美观，有艺术性。青年教师，特别是初为师者，板书是考察其教学基本功的最直观因素。

（二）看教态

心理学研究表明：人的表达靠55%的面部表情+38%的声音+7%的言辞。教师课堂上的教态应该是情绪饱满，仪表端庄，举止从容，态度热情，自然大方，给学生“可进可亲”和“可敬可信”的感觉。

（二）看语言

人们常说，教学是一种语言的艺术。教师的课堂语言，首先要准确清楚，说普通话，精当简练，生动形象，有启发性。其次，教学语言的语调要高低适宜，快慢适度，抑扬顿挫，富于感染力。

（四）看操作

看教师运用教具与教学内容推进的切合程度，操作电教器材的熟练程度。有的还要看在课堂上，教师运用电教器材时，照顾到全体学生程度。

六、评学法指导

评学法是现代教育理念对课堂教学评价的新要求。评学法，一要看学法指导的目的要求是否明确。二要看是否起到了帮助学生认识学习规律，端正学习动机，激发学习兴趣，掌握科学的学习方法，养成良好的学习习惯的作用。

七、评能力培养

评价教师在课题教学中对学生能力培养情况，可以看教师在教学过程中这样几个情况：(1) 是否为学生创设良好的问题情景，强化问题意识，激发学生的求知欲；(2) 是否注意挖掘学生内在的因素，并加以引导、鼓励；培养学生敢于独立思考、敢于探索、敢于质疑的习惯；(3) 是否培养学生善于观察的习惯和心理品质；(4) 是否培养学生良好的思维习惯和思维品质，教会学生在多方面思考问题，多角度解决问题的能力等。

八、评师生关系

评价师生关系就是看教学过程中能否充分确立学生在课堂教学活动中的主体地位；看能否努力创设宽松、民主的课堂教学氛围。

九、评教学效果

事实表明，评价一节课，既要分析教学过程和教学方法，又要分析教学效果。课堂教学效果是评价课堂教学的重要依据。好的课堂效果，体现在以下几个方面：一是教学效率高，学生思维活跃，气氛热烈。二是学生受益面大，不同程度的学生在原有基础上都有进步。知识、能力、思想情操目标都能达成。三是充分有效利用课堂教学时间，学生学得轻松愉快，积极性高，当堂问题当堂解决，学生负担合理。

课堂效果的评析，有时也可以借助于测试手段。也就是，当上完课时，评课者出题对学生的知识掌握情况，当场做测试，而后通过统计分析来对课堂效果做出评价。

美术课堂教学评价表

学　校__________　　班级__________　　课题__________

执自己　　时间________年____月____日____午　第____课

评价内容模块		评价内容细目	质性分析
（一）教学目标内容	目的性	教学目标明确规范，师生达成共识 作业要求具体可行，有个性发挥空间	
	科学性	符合课程标准要求，内容正确，密度恰当 条理清楚，速度适宜，突出重点，突破难点	
（二）教学过程方法	主体性	学生主题，注重学法指道，引导学会学习 策略新颖，激发动机兴趣，学生积极参与	
	最优化	精讲善练，联系实际，方法步骤清晰 教具、媒体使用熟练、恰当，效率高 实践分配合理，节奏紧凑，不拖堂 组织形式生动合理，面向全体，气氛活跃	
（三）教学素养	教学能力	衣着大方，教态亲切自然，具有无声的魅力 说普通话，语言清晰、准确、流畅、生动 专业技巧熟练规范，板书、板画设计合理	

（续表）

评价内容模块		评价内容细目	质性分析
（四）教学效果	知识技能	学生掌握基本知识、技能，作业良好 联系实际活学活用，好中差各有所获	
	创造情感	创设情境，激发兴趣，鼓励探索和创新 师生互动，学生互助合作，课堂气氛融洽 发挥德育、美育功能，教书育人	
（五）教学特色	创新性	19. 在教学内容、教学策略、教学模式、教学媒体、教学方法等方面进行有效的开发、改革和创新	
质性描述			
评价者单位			评价者

第三节　学生评价

在传统的教学实践中，学校中对待学生的评价都来源于教师，评价的内容和标准都由教师自己掌握，教师在考察学生的时候也往往只着眼于自己传授的知识和技能、技巧。新课程改革提出以学生的发展为主线的美术教学观念，在对学生的评价方面也明确提出“重视学生自我评价”的要求，由此，必须建立新的学生评价观念和制度。它是美术课程评价的重要方面，具体的要求是:

首先，在重视教师及他人对学生学习的状况进行评价的同时，更应重视学生的自我评价。学生自我评价可以采用问卷式，也可以采用建立学生档案的方式。

其次，要建立合理的学生评价制度，要突出学生评价的发展性功能。社会发展对教育的要求不再是向学生灌输多少知识，而是必须让学生学会一种“可持续发展”的学习能力。具体来说，就是在社会发展情境下，能够不断地发现社会中或是自己发展中存在的问题，并能够为解决这一问题去学习，寻找有用的信息，通过分析和思考做出判断，最后创造性地设计出解决问题的方案，并在实践的过程中不断地反思和评价，不断地进行改进和完善，直到这一问题真正得到解决。而学生的自我分析和自我评价的能力就是学习学会“可持续发展”学习能力的基本标志。《美术课程标准》要求不仅仅关注学生掌握知识技能的情况的评价，更关注学生学习的过程、情感态度等方面的发展性评价。学生评价所思考的不只是是否暂时达到教学目标的要求，而更看重学生能否健康的、持续的发展。

一、学生评价的特点

（一）评价主体的多元性

长期以来，说到对学生的评价，常常想到的评价主体是老师，评价的行为就是老师在试卷上打分数，在成绩报告单上填个成绩、写个评语，往往出现了卷面上的高分，实践中的低能现象。这是长期以来评价主体的单一造成的，学生的自尊心与自信心得不到很好的保护，主观能动性得不到很好的发挥，自我发展的欲望和能力也就在这样的评价过程中萎缩了，消失了。要让学生自主发展，就必须重视学生在评价过程中的主体地位，关注学生的个体差异以及发展中的不同需求，引导学生学会自我评价，在不断的自我反省、自我认识的基础上实现可持续的自我发展。评价不仅关注学生的学习成绩，更应注重学生综合素质的考评，关注学生的创新精神、实践能力以及心理素质、学习兴趣等。实现评价主体多元性，让管理者、教师、学生个体、学生群体、家长，以及相关的社会成员都参与到评价活动中来，为学生的全面发展提供多方面的信息。

（二）评价时空的多维性

评价体系贯穿于校内、校外，注重对学生平时表现的关注和考察，把评价日常化，将评价贯穿于日常的教育教学行为中，以发展的眼光来看待学生。评价结果与过程并重，评价不局限于学生上学时间内的课堂、校园，还拓展到学生在校时间之外的家庭、社会。

在教育实践中，课堂上老师的一句鼓励、一个眼神、一个微笑，来自家长的一个电话，出自社区的一个情况反映，无一不在对学生进行着评价。教师可设计学校、家庭、社区对学生的评价表，收集多方面的评价意见，科学制定适合学生快速全面健康发展的教育策略。

（三）评价标准的统一与差异并存

任何一种教育都存在着对教育的最基本的评价标准。如良好的道德品质，健康的身心等。一方面，我们在强调尊重学生个性差异的同时，不可忽视基础教育的基础性，要扬长也要适当地“补短”，不可一味扬长“避短”。否则就会使学生在个性的发展中，或缺最起码的基础知识、社会规范和社会责任感。另一方面，我们既要改变用高度统一的评价标准来评价千差万别的学生，正视学生在发展中的差异性，又要用统一与差异相结合的评价标准去评价发展中的学生，促进学生既符合社会要求，又具有鲜明个性的全面发展。

（四）评价的超前性

传统的学生评价是判断学生好坏（以听话为标准）和优差（以分数为标准），是在众多的学生中选拔出少部分听话的、高分的，升入高一级学校。素质教育背景下的学生评价是为了促进学生的全面发展，为培养学生的创新精神和实践能力。以具有超前性的眼光寻找学生未来发展“优势”，引导学生从“优势”中找到可能的发展方向，在“劣势”中找到“化作优势”的“拐点”，引导学生不断寻找到新的发展点，不断得到新的独具个性的发展。换句话说，学生评价要有“今天的另类，也许就是明天的奇才”的思想。

（五）评价结果的科学性

传统的学生评价，由于将考试和测验作为评价的主要手段，考试与测验分数几乎成为评价学生的唯一标准。把道德品质、情感意志等诸多难量化的素质都排斥于评价范围之外。还有的为了追求评价结果的精确，将学生每一个方面都打一个分。但学生的很多方面的素质根本无法量化，只能描述，比如情感、意志、价值观等。因此，机械量化的学生评价，会对学生的发展产生误导或误判。所以在第五章，提出了美术成绩等级评价的方法，评价内容不仅涉及作业本身还涉及学习的其他方面，是对学生学习全过程的综合表现，如学习能力、学习态度、情感和价值观等的综合评价。这样，才能使学生评价结果更加趋于科学。

二、学生评价的内容

对学生在美术课程的教学活动中的各方面情况进行综合评价，必须注重学生在美术活动中的各方面表现，要求通过观察、记录和分析学生在美术学习过程中的客观行为，对学生的参与意识、合作精神、操作能力、探究能力、认知水平以及交流表达的能力等的全面评价。概括起来，学生评价主要关注以下内容：

（一）道德品质

道德品质即道德认知水平与道德行为的评价。主要包括：爱祖国、爱人民、爱科学、遵纪守法、关心集体、维护公德、诚实可信、保护环境、自信、自尊、勤奋，对个人的行为负责等。美术是有宣传力、感染力的，美术的学习和创作也是在渗透道德品质教育以及社会责任感和使命感教育。

（二）学习能力

学习能力和学习动机、学习方法、思维习惯有很大联系。人是有差异的，学生的差异主要表现为学习能力上存在的差异，我们不能有差生的概念。学习能力的评价因素主要有：学习的愿望和兴趣程度；学习的目的；完成作业的质量与速度；运用技巧的程度；对自己学习的过程和结果反思能力；把不同学科的知识联系起来思考问题习惯与能力；运用知识和技能、技巧发挥与创新的信心和能力等。

（三）交流与合作的能力

交流与合作是现代人应该具备的基本素质，美术学习更需要这种素质。评价学生这方面素质，主要看他们的以下表现：是否积极参加某一题材的讨论和创作；是否表达自己的意见和创意；参与的热情与时间的长短。在合作与交流方面，学生能否清晰地表达自己的观点；能否明确表达自己的美术主张和思路；能否与他人一起确定目标并努力实现目标；能否较好地听取他人的意见并做出积极的反应；能否评价和约束自己的行为；能否综合运用多种交流和沟通方式进行合作等。

（四）个性与兴趣

学生的个性和兴趣是需要被尊重和赏识的。教学中如果做到尊重学生的个性，欣赏学生的情趣，不仅能使学生的自尊和自信得到体现，还能使学生的创新意识和创造能力得到培养。学生个性与兴趣的评价包括：学生是否有积极的情感体验；是否拥有得到承认的自尊和自信；能否积极乐观地对待挫折与困难等。

（五）学生作业

美术作业评价属于静态的对于学习结果的评价。评价美术作业是对学生完成学习任务质量的评价，并具有一定的强化作用。美术作业的评价可以采用学生自评、学生之间互评或座谈的方式，其目的是诊断学习中的问题，促进学生的学习，充分肯定学生的进步和发展。但美术作业不能完全代表美术课业成绩，这一点必须明确，它只是学生评价的一项十分重要的内容。

三、学生评价的具体方式

（一）提倡多主体评价

学生评价可以采用学生自评、互评以及教师和家长对学生评价等方式，其中学生自我评价尤为重要。让学生进行自我评价的前提是提供既符合美术课程学习的特点又符合学生年龄特征的评价工具，并制定出便于学生操作的评价指标体系。一般有两种实施办法：一种是由教师根据课程要求设计评价工具，比如设计一份试卷或评价表格等，这种办法需要教师具备命题或设计评价表的能力，也会给教师增加一定的工作量；另一种是在美术课上直接联系具体的教学内容，进行即时的自评，这种办法便于教师和学生的操作，效率也比较高。

学生自我评价表（例表）

姓名：　　　　　　　　（　　）　班别：　　　　　　　　日期：					
Ⅰ. 学习评估 （在适当的位置以√号表示，1分最低，5分最高）					
	1	2	3	4	5
（一）我明白二十世纪以前的画家多从固定观点来观察物象，并在平面作品上营造错觉性深度空间。					
（二）我明白立体主义从不同角度观察物象的含义。					

（续表）

（三）我明白“空间的崩坏”是指画面失去错觉性深度。					
（四）我明白立体主义画家不着重在平面作品中再现视觉世界的立体空间。					
（五）我能仿效立体主义画家从不同角度观察及描绘物象。					
（六）我明白立体主义画家在作品中运用贴裱法的目的。					
（七）我能把在不同角度看到的形状或形体以几何图形重新组合画面。					
（八）我对自己在本章的上课表现评价。					
（九）我对自己在本章的创作表现评价。					
Ⅱ. 课后随想 （一）我认识立体主义的绘画理论，我认为很难/不难明白，因为：					
（二）我喜欢/不喜欢以立体主义的绘画方式作画，因为：					

（二）注重表现性评价

运用观察、记录、访谈、录像、录音、摄影等方式收集学生学习表现的信息，对学生在参与美术学习过程中的综合表现进行评价。同时，以这种方式了解学生在原有水平上的发展，了解学生的学习态度和学习特点，了解学生对美术知识、技能的具体掌握情况以及在观念和学习方法上的进步情况，发现学生的潜能，了解学生发展的需求。

（三）注重质性评价，提倡成长记录评定

成长记录主要有“过程性成长记录”和“成就性成长记录”两类。过程性成长记录，主要记录学习投入的行为情况，如学习态度、作业数量等；成就性成长记录，主要记录学习行为的结果，他人的评价、作业质量等。成长记录评定的主要意义在于提供能使学生学会判断自己进步的机会。学生在成长记录中收集美术学习全过程的重要资料，包括研习记录、构想草图、设计方案、美术作业、相关美术信息（文字或图像资料等）、自我反思以及他人评价的结果等。教师能通过学生的美术学习成长记录，了解学生的学习状况，发现学生的潜能和发展需求，及时给予针对性的指导。

（四）采用多种评价方式进行评价

采用多种评价方式评价学生的美术成绩，包括打分数或等级，写评语，等级与评

语相结合，以及座谈、学生作品展示等方式。其中做好作业评价是确保学生评价结果真实有效的重点工作，上述几种方式都可以在作业评阅中予以运用。另外一点要注意，评价应充分肯定学生的进步和发展，明确需要克服的弱点与发展方向。

（五）采用建立成长档案的方法

成长档案袋是一种科学、有效、简便、易行的新方法。成长档案袋作为一种新的评价方式，在艺术学科中得到比较广泛的应用。它反映学生在达到目标过程中付出的努力与进步，并通过学生的反思与改进，激励学生取得更高的成就。这是一种非常典型的发展性评价。它除了帮助学生与教师了解学习与进步的状况外，对于学生自主性、反思能力、创造性的发展有重要作用。它以客观材料为依据，不仅反映学生知识与技能的掌握情况，还可以反映学生其他方面的发展情况，从而有效地克服评价标准单一、片面强调作业成绩的做法。

建立学生成长档案的具体做法是，每人一个袋子，收集、记录学生成长与进步的一件件实物、一篇篇作品、最满意的作业、自画像、小制作、习作随笔等。另外，把学生寻找的生活中的艺术品、"艺术的故事"、家长反馈卡以及他人的评议、统计图表等相关的资料也放进袋内。这个装有学生学习原始资料的袋子，就是他们的"写真集"，不仅让学生看到自己的成长过程，品味自己的进步，而且客观反映他们美术学习取得的成绩。

成长档案袋的使用应注重以下原则：

1. 注重评价过程的激励性和导向性原则

评价的最终目的是促进每个学生的发展。因而"成长档案袋"的设计要更关注学生个体的纵向发展，对其进行过程性、动态性评价，使学生在使用"成长档案袋"的同时，既能判断自己的进步，感受成功的喜悦，又能积极反省自身不足，主动寻求改进的方法和途径，达到不断自我完善的目的。

2. 注重评价主题的自主性和互动性原则

"成长档案袋"的评价主体不再是单一的教师评价，而是突出学生的自我评价，辅以小组互评、教师家长参评等形式，使评价成为教师、管理者、学生、家长共同积极参与的活动。通过这种"共同参与"，了解学生发展的实际水平，寻求到最佳的教育途径。

3. 注重评价内容的多元性和开放性原则

"成长档案袋"打破评价的时空，使评价不局限于学生在校内学习，而延伸到课外更广阔的领域，将他们在社会、家庭的表现，从道德与习惯、成绩与方法、身体与健康、兴趣爱好与特长、情感态度与价值观等多方面，对学生进行全面评价。这不是简单改变以往"一张试卷、一份成绩单"的单一评价方式，而是适应素质教育要求，符合《美术课程标准》精神，更加有利于学生个性化成长的学生评价改革。它体现对学生个体差异的尊重，对个体发展独特性的认可，有利于发挥学生多方面的潜能，使学生拥有更多的自信，能有效促进学生全面和谐发展。

第四节 | 教师评价

在当代教育改革实践中，教师的工作职能出现了深刻的变化，这种变化极大地提高了教师劳动的复杂程度和创造性质。没有教师的发展，没有教师政治、业务上的成长，教师的历史使命便无法完成。同样，没有对教师的发展和成长科学性、发展性的评价，教师也无法很好地成长和提高。《美术课程标准》评价建议中提到“建立促进美术教师不断提高的评价体系”，强调教师对自己的教学行为的分析与反思，建议教师在每一个单元教学结束后，记录教学体会、教学成果以及需要改进之处，建立以美术教师自评为主，校领导、教师、学生、家长共同参与的评价制度，使美术教师多种渠道获得反馈信息，不断改进教学，提高教学水平。

教学是一项复杂的工作，评价教师的教学质量必须细致、全面、系统，以教师的专业发展为目的，不仅关注教师的过去成绩，而且还着眼于教师未来发展，是一种形成性评价、发展性评价。

发展性教师评价，是以促进教师的发展为目的的，是一种依据目标，重视过程，及时反馈，促进发展的评价。

一、评价目的

发展性教师评价主张在宽松的环境中促进教师自觉主动地发展，从而实现发展目标和教师的价值。换言之，这种评价不以结果作为奖惩的依据，而是通过评价，给教师以自信和发展建议。发展性教师评价是一种激励性评价，它没有将教师评价制度作为奖励和惩罚的机制，其目的是通过培养教师的敬业精神，激发教师的劳动热情，在没有奖惩的条件下，启发教师的专业自主和专业自由的乐趣，在充分满足教师自我生命价值实现需要的同时，实现学校的管理目标和发展目标。其具体目的是：

（一）促进教师的专业发展

发展性教师评价，倡导把评价的结果以科学的、恰当的、具有建设性的方式反馈给被评价的教师，使其能最大限度地接受，从而促进其专业的进一步发展。

（二）倡导教师个性化教学

发展性教师评价把控制评价活动和评价过程的主动权交给教师本人，注重教师的个体差异和个性特点，鼓励教师展示自己个性化的工作和成果。

（三）强调教师对自己教学行为的分析与反思

发展性教师评价注重教师个体的参与，要求自评与互评结合，尤为强调自我评价，通过自我评价，对教学行为进行反思。

（四）激励教师主动适应现代教育发展的需要

通过发展性评价，引导教师做一个具有现代教育思想、适应现代教育发展和社会发展的新型美术教师。

二、评价原则

发展性教师评是面向未来的一种新型的教师评价制度，评价过程中，应当采取教师和学生民主参与、全员评价、全面评价和共同进步的模式。师生的民主参与要求破除评价过程的神秘化，增加过程的透明度，把评价目标、评价标准、评价方法、评价程序、评价要求原原本本地告诉所有参加评价的评价者和评价对象，调动广大教师和学生的参与意识，激发教师与学生的积极性。教师评价要遵循下列原则：

1. 客观性原则。即客观、真实、科学地评价教师的工作现状及教师专业发展水平，避免伪评价。

2. 非奖惩性原则。即以教师未来发展为目标，以教师原有水平为基点，以教师在一定阶段进步幅度为衡量标准，评价结果不与奖惩直接挂钩，消除评价对象对评价的紧张、恐惧，而使他们积极参与评价。

3. 整体目标指向原则。即面向全体教师，着力促进每一位教师的发展。

4. 及时性与过程性原则。即及时对教师的教学情况进行评价，以保证评价对教师专业发展的现实促进作用，关注教师在评价过程中的进步、提高和发展，以保证教师发展信息。

5. 自评为主，多主体评价并存原则。依据内部动力比外部压力更有用的假设，在发展性教师评价中以自评为主，辅之以自上而下的评价，同行评议和学生评教多种形式。

6. 个性化原则。注重教师的差异性和多样性，让不同层次水平的教师都能从评价中获益。

7. 质性评价为主原则。教师的专业水平及工作状况很多方面难以量化。盲目量化反而会失去评价的真实性与可靠性。因此，教师评价以质性评价为主，辅之以量化评价。

三、教师评价的指标体系

评价是为了促进教师不断成长，要建立能对美术教师自身的美术专业素养和专业发展水平提出更多的符合素质教育要求的、多元的，能够促进教师创新能力发展的评价指标体系。

根据发展性教师评价的任务取向和功能定位，结合美术教师专业素质结构理论，发展性教师评价指标包括以下内容：

（一）职业道德

教师职业道德，包括评价教师专业态度和动机，自我专业发展需要和意识，对待学生、同事、家长、学术的道德，还包括教师的爱心、正直、诚实、公正、上进、奉献、职业热情和健康心态等。教师对自己工作的强烈的事业心是一种高尚的职业道德情感，也是做好教育教学工作的巨大内在动力。具有强烈事业心的教师，无论何时何地、任何情况下都会主动、自觉地意识到自己职业的道德责任而尽职尽责。作为职业道德，美术教师首先要做到了解和尊重学生，客观地评价学生。其次要具备陶行知说的，“捧着一颗心来，不带半根草去”的奉献精神。

（二）文化与专业素养

1. 本体性知识。指美术学科知识，是教师专业知识构成的实体部分。

2. 条件性知识。即对本体性知识的传授起理论性支撑作用的教育学科知识和心理学科知识。

3. 实践性知识。即教师的课堂情境知识、缄默知识等。作为美术教师，美术专业基础知识和技能固然是教师评价的重要内容，能否结合美术专业基础知识和学生的特点及其兴趣来设计美术教学活动，能否体现学科前沿知识性信息也是教师评价不可忽视的方面。

（三）实际教学能力

1. 课程建设能力。是指教师对课程资源的整合、调适、开发、修订等方面的能力。

2. 课堂教学能力。这是教师专业能力的核心部分，教师专业成熟度的重要衡量指标。它包括教师对教学内容的呈现能力，教与学活动的组织能力，学习评价与调控能力等方面的能力。

3. 教育科研能力。教育科研能力是教师职业化和专业化的必然要求，也是教师自身发展的客观需要，是优秀教师的重要标准之一。

4. 反思性实践能力。反思性实践能力是研究型教师的基本素质。教师应不断反思自己的教育行为，提升教育实践的合理性和效率。它体现在对教学过程及教学效果的自我检查，如是否做到了：明确的教学目标和教学设计方案；较好地实施教学，使之适合于学生的经验、兴趣、知识水平、理解力和其他能力的发展；与学生共同创设学习情境，为学生提供讨论、质疑、研究、合作、沟通的机会；积极运用现代教育技术，合理利用校内外教学资源等。

（四）合作精神

美术教师应该积极参与学生的美术活动和学校的教学活动，积极参与教学评价，能较好地与同事合作。这是当今社会和教学环境对美术教师的现实要求，是考察美术教师素质的一项内容。

（五）研究的意识

“研究意识”强调的是，美术教师不仅应该了解国内外美术教育的动态和各种信息，并能够根据教学的需要合理积极借鉴和运用，能够具有“以研促教”的思想意识。

四、评价的实施

教师评价分两种情形：一是对教师课堂教学的评价，二是综合评价，即对教师阶段性教学工作评价。课堂教学评价既是一种独立的教师评价，又是阶段性教学工作评价的组成部分，或者说重要内容。阶段性教学工作评价包含课堂教学评价和教师素质评价两个方面。

通常说的教师评价主要指综合评价。教师是评价的主体的一员，而教师自己的评价更有助于增强自己的内省，无论是领导评价，还是同行、学生或家长评价，要对教师的行为产生作用，最后都要经过教师自我评价的机制，通过其认同、内化，才能最终起到促进教师素质提高的作用。所以教师自评是实施“教师评价”的最重要方面，也是最重要途径。

教师自我评价时有两点需要特别注意：

首先，树立正确的自我评价观，常言道“人贵有自知之明”，但要客观地对自身作一番评价是困难的。自我评价的前提是本人有自我评价的要求，而要具有这样的要求，必须懂得只有通过客观真诚的自我评价，才能从根本上认识自己的优势和不足，从而做到发扬优点，克服不足，实现自我发展的道理。同时还要认识到“终生学习”的必然性，认识到自我评价是终生学习的方式之一。

其次，阐明“教学动机”，提高自评“深刻性”。教师工作在教学第一线，在实践中对教学有着各自特殊的感受和体验，教学方法与方式带有一定的个人特色，这个特色实际上体现不同的教学动机。但由于条件的限制，其“独特感受”即由此衍生的教学动机与最终效果，未必能取得一致，而动机是隐性的，如果动机未导致显著好的教学效果，评价者有时会因不了解其“动机”而造成“误判”。这就要求教师在自评时必须充分阐明其教学动机，说明之所以采取此种教学方式的依据，以及期望的教学效果，从而既增加了自评的“深刻性”，又为他人对其评价时提供了有意义的参考，使评价结论更有意义。

但是，教师评价绝不仅仅是教师的自我评价，构成评价主体还有同行和学生，他们都应该参与进来。那么，下面谈谈这些主体怎么参与教师评价。

（一）评价主体

教师评价不能由教师自己一个人进行，全面、科学、公正的教师评价是有多个评价主体构成的。具体包括教师自评（权重60%）、同行互评（10%）、专家专评（10%）、学生参评（10%）、家长及社会的开放式评价（10%）。

1. 教师自评。课堂教学的自评，可以用表格的形式反映。如果是学期等阶段性的自我评价，除了填写自评表，还要撰写一份自我评定报告，对包括专业水平在内的作为美术教师的基本素质，教学工作实绩、不足和改进办法等作全面的述职。

2. 同行互评。即对于被评价者课堂教学情况或阶段性教学工作情况，同学科或同教研室的教师要面对面地开展互评。

3. 专家点评。一般在进行课堂教学评价时，被评价教师本人或学校应该邀请专家（即相对的学科权威人士）参与听课，专家听课后应当对教师的课堂教学进行点评。如果是阶段性的教师评价，学校的领导也应参与。

4. 学生参评。学生评价是一种综合性评价，一般每学期期中、期末共进行两次评议，学校行政负责随机抽取学生代表，对教师教学工作满意度进行调查测评。并填写《学生学情调查表》。

5. 家长及社区的开放式评价。允许家长及教育行政工作人员按照申请随时跟班听课，并填写《家长及教育行政人员教育建议》。

（二）评价范围

1. 专业知识基础与发展。
2. 教学能力与发展。
3. 人文素养（包括师德修养）与发展。
4. 教育研究能力与发展。

（三）评价手段和方法

1. 听课，考察教师课堂教学能力。即教师上课（也可以是“说课”），自评；专家、同行听课，进行教学能力评价。

2. 让教师展示代表作品，汇报专业基本功，考察教师本体性和条件性知识水平，进行专业素质评价。

3. 对学生学习情况进行调查，进行教学效果评价。

4. 组织学生对教师的师德、专业水平、教学水平进行综合评价。

5. 通过教学经验交流会、教学工作座谈会的形式，进行相互评价。

6. 通过“年终述职”进行评价。

第五节 | 教材评价

随着新课程的实施和教材多样化政策的推行，全国共出版了多套美术课本，并在各地发行使用。这么多套教材，其质量水平到底如何？它们是否符合素质教育的理念要求？如何评价和选择适合本地、本校的教材？这些问题受到广大学生、教师、学校、家长、各级教育行政部门以至整个社会的关注。要回答这些问题，首先必须对教材进行科学和客观的评价，而要进行评价，首先必须确定符合素质教育要求的教材评价维度和标准。

教材是学生与课业之间、教师与学生之间互动的媒介，是教师开展教学的基本依据，是学生学习探究知识的工具。美术教材的编写应该具有开放性，应该有利于学生改变呆板的学习方式，应该能引导学生观察、实践、收集资料、合作、探索、交流，以及体验、感悟、反思等活动，从而实现学习方式的多样化。教材的开放性，必然引发教学的开放性，而教学的开放性又促进学习方式的改变。

一、体例和版式评价

美术教科书（下称简称课本）的形式有理由是所有教科书中最美观的。课本的设计要在视觉上反映美术“美”的特征，甚至在纸张、色彩、版式等方面都应该比其他课本美观一些，能吸引学生，但也不能画蛇添足，华而不实。

1. 形式必须服从内容。课本的体例、版式均应以能够清晰地表达教材内容为基本要求，不能花里胡哨，让人眼花缭乱，否则本末倒置，会影响学生阅读和学习。

2. 格式的统一，图文相映有序。课本的章、节、目结构清晰，标题、重点内容等字体统一、显目，图与文的配合适当，互相映衬，让人一目了然。

3. 版式大方，格调高雅。美术课本版式要简洁大方又不失美观，装帧设计精致而不烦琐，能对学生审美情趣的养成和提高起到潜移默化的作用。让人一看书的“外貌”就知道是美术课本。

二、教材理念体系评价

教材理念体系是教材评价的核心，而评价教材理念体系，首先必须对教材的定位进行研究，搞清楚在素质教育的背景下教材是什么、它有什么功能（我们在第二章第三节有过阐述），以及为什么需要教材、在教学中扮演什么角色等问题，明确指导思想。

对教材是什么的回答取决于不同的教育观念。传统的教育观念以知识传授为中心，认为教学是由教师到学生的单向传输。从这种观念出发，教材应该是汇集了人类知识精华的著作，具有学术性、权威性和本源性，是相应学科的学术论著、权威的教学资源和教学的基本依据。从这种观念出发，教材是教学的出发点和几乎全部内容，是教师必须信守的教学依据。

在素质教育背景下，这种以学科框架为教材框架、强调教材的学术性、权威性和本源性的做法受到了挑战。首先，教学的目的不仅仅是传授知识，还包括学生对学习过程的理解和方法的掌握，以及在情感、态度、价值观方面的发展。教学的内容不仅是写在书本上的知识，而且包括了蕴含在书本知识后面的，透过教师、学生与环境的多方互动中显露出来的问题。这些隐性的内容无法以外显的方式直接写到教材上，但可以通过对学习过程的巧妙设计引发出来。这是教材需要面对的新任务。

现代心理学研究也表明，学生的学习不是简单的接受，而是一种基于原有思维框架基础上的有意义的重构，教学过程不应该只是从教材到教师再到学生的单向传递过程，而应该是学生、教师、教材以及环境之间的多向互动和探究的过程。在这样的互动中，教材不仅要向学生作必要的陈述和介绍，还应注意联系学生原有的思维框架和想法，揭露学生原有想法在认识解释新事实、新问题时可能产生的矛盾，引导学生达成新的正确的认识。教材应有利于教师组织教学活动，有利于学生从学习活动中构建新的知识。

《美术课程标准》对教学目标的描述相对较为抽象，对教学内容的规定相对较为泛化，教材就应把这些抽象和泛化的东西加以具体化，成为教师、学生了解和认识课程标准的媒介。

当然，作为学生发展的重要基础，知识的获取仍然是教学的重要内容和基本目标之一，教材仍然需要发挥知识载体的功能，成为学生了解掌握人类已有经验和前人文化遗产的重要媒介和资源。不过，当今社会知识信息极度丰富的现状使教材无法包容学科知识的全部，甚至仅仅是主要部分。教材向学生展示的应是有助于学生理解相关学科领域的关键知识、方法、过程以及反映学科与学科、学科与社会、学科与生活之间关系的重要案例。

概括起来，在素质教育的理念之下，教材的概念应该包括三层意思：

第一，教材是一种媒介。学生通过教材认识人类文化遗产和知识财富，通过教材来理解认识国家课程的标准和内容，通过教材展开与同学及教师之间的课堂互动。

第二，教材是一种工具。学生利用教材的学习安排体验学习的过程，积累学习的经验，获取必要的知识，构建自己的知识框架，学会探究并形成对自然、社会的正确观念，促进智能和个性的发展。教师利用教材创设学习情境，组织教学活动，进行教学评价。

第三，教材是一种资源。教材通过陈述性的课文，具体地展示课程所规定的教学内容，通过各种栏目向学生介绍人类的知识和经验，通过活动向学生介绍程序式知识。

基于对教材的上述理解，教材应该具有作为知识资源的丰富性和典范性，作为媒介的友好性和融洽性，作为教师和学生共同使用的工具的可操作性。

三、教材知识体系评价

教材知识体系的评价应该有六个基本的维度：知识、思想文化内涵、心理发展规律、编写制作水平、可行性、特色与导向性。应根据学科的具体情况将上述维度和问题学科化、具体化，形成评价的相关指标项，并进一步制定学科的具体评价标准。

教材评价的维度指的是从哪些方面或什么角度出发来对教材进行评价，每一个维度都反映了教材质量的一个重要方面。评价维度的确定是基于对教材的认识和功能定位。从上面的讨论中可以看出，作为学生学习的资源，教材的知识内容应能使学生具备终身学习的必要基础。作为一种媒介，教材应该以正确的先进的思想价值观念对学生进行引导，体现丰富的文化内涵；应该对国家课程进行合理的解读；应该用先进的教育理念对教学进行引导。作为一种工具，教材应符合学生心理和认知发展规律的要求，应有高的编写制作质量，要有良好的操作性和使用效果，应与当前的教育教学环境相匹配，与教师和学生的实际水平相匹配。从这些要求可以得出进行教材评价的六个基本维度。

（一）知识维度

首先，作为学生的知识资源和学习工具，教材以什么理念作为指导思想去概括人类的知识宝库，或者说，选取什么样的知识作为教学的内容，能否将学生学习的必要知识以恰当的方式汇集起来，与教材的质量水平有密切关系，是分析评价教材的一个很重要的维度，简称为知识维度。我们希望教材内容具有鲜明的时代特征并能满足学生发展的要求，有利于启发学生的思维和创造力。同时考虑教材能否将所选内容以恰当的或科学的方式组织起来。这一维度衡量的问题包括：教材内容对学生素质发展的必要性和典型性，教材内容反映学科基本结构和发展方向的水平，教材内容与学生生活环境的联系程度，教材内容及组织、表达方式的科学性，教材内容与其他学科的配合协调程度。

（二）思想文化内涵维度

教材不仅是学生在知识与智力方面进行学习的资源和工具，也是帮助学生提高思想品德修养、认同自己文化归属的资源和工具。教材必须有丰富的思想文化内涵，必须展现高尚的道德情操，潜移默化地帮助学生提高思想觉悟和文化涵养，培养良好的道德风范，懂得尊重和善于吸收其他文化的营养，这是衡量教材质量水平的另一个维度，简称为思想品德与文化内涵维度。这一维度考虑的是教材的思想文化价值取向以及内涵的丰富程度的。这一维度衡量的问题包括：教材所体现的辩证唯物主义和历史唯物主义思想境界，教材所体现的价值观、人生观和道德观，教材在激励学生的探索精神、创造精神和实践精神方面的水平，教材对人文精神和科学精神、科学态度的倡导水平，教材对中华文化和人类文化的认识。

（三）心理发展规律维度

这一维度考虑的是教材在内容选择、结构组织、活动安排、文字撰写、插图使用等等方面是否符合学生的心理特点和认知发展规律。作为学生学习的工具，教材在内容的选取和组织表达的方式上必须遵从人类认识事物和学习发展的规律。在中小学阶段，学生还未成年，其心理特点和智能发展水平都与成年人有所不同，教材应该适应青少年的心理特点和发展水平。在教学过程中，学生是学习的主体，但他们又是在教师的指导下进行学习，教材应充分注意调动学生学习的主动性，发挥学生的主体性，同时又要处理好主动学习与教师指导的关系，这是衡量教材质量水平的第三个重要维度。这一维度衡量的是：教材能否调动学生的兴趣、激发学生的求知欲，教材能否从多方面来强化学生的感知和知识发生过程，教材能否引导学生主动建构新知识，教材对学生的起始程度要求和预定发展目标是否合适，教材是否符合学生心理发展的成熟程度，遵循学生心理发展的规律。

（四）编制水平维度

作为学生学习的工具，教材编写和出版制作水平，包括教材的文字和照片、插图、地图、图表等的编写制作水平，也是衡量教材的很重要因素。一本内容再好的教材如果在编写和制作方面水平很低，其使用效果也不会好。这是衡量教材质量的第四个维度，简称为编制水平维度。不同类型的教材以及用不同的媒体制作的教材，如传统的教科书和音像教辅材料，其制作技巧和工艺要求是不同的，需要考虑的问题也不相同。就教科书而言，需要考虑的问题包括：教材文字的编写水平，教材插图与文字的配合程度及制作水平，教材的编写形式的丰富程度和相互配合水平，教材的版式设计水平，教材的印刷工艺质量。

（五）可行性维度

这一维度考虑的是教材是否与当前的教学环境和资源条件相匹配的问题。教材需要在实际使用过程中去实现教育的效果，教材的使用过程不仅与教材本身有关，还与教学环境、师资水平以及学生情况有关。如果教材太难，或者要求太高，与当前的环境条件不适应，使用起来就不会有好的效果，就不是好的教材。这是反映教材质量的又一重要维度，这一维度需要考虑的问题包括：教材与学生水平的适应程度，教材与教师水平的适应程度，教材与学校资源环境的适应程度，教材与使用教材的地区的经济与社会发展的适应程度，教材的教学设计与实际使用情况的符合程度，教材预定的教学目标在实际中的达成情况。

（六）特色与导向性维度

这一维度考虑的是教材的特色和教学导向。好的教材必须有自己的特点，特点是教科书的生命，也是分析评价教科书的重要着眼点。教材的特点不仅要从各个维度上表现出来，更要从整体上表现出来，因为教材本身是一个整体，需要有好的整体配合。有时候一本教科书孤立地从每一个维度来看并不见得最出色，但由于各方面配合得当，从总体上看这本教科书要比分维度去看好得多，当然也有相反的情况。教科书的特点也是这样，许多时候，这种特点是通过综合效应表现出来的，分维度去看不一定能看出这些特点，需要从总体上对教材的特点和整体配合进行分析，这是把握教科书质量的一个重要方面。这一维度所要考虑的问题包括：教材在整体上体现出来的理念的先进性及其对新课程标准的落实体现程度，教材在选材、组织、编写、呈现等方面以及总体特色，教材是否有利于学生学习方式的转变，有利于学生的反思和自我评价，教材是否有利于教师教学观念和方式的转变，教材能否有利于学校资源与教学环境的改善，教材是否因与资源环境距离过大而给使用带来困难。

思考与练习

1. 美术课程评价的目的和要点是什么？
2. 美术课程评价的基本要素有哪些？
3. 如何具体评价一堂美术课？
4. 美术教学活动的评价内容有哪些方面？
5. 如何创新和开发美术教学活动的评价？
6. 学生评价中需要注意哪些问题？
7. 教师评价的指标体系包括哪些方面？

第九章 | 美术教师的说课

说课就是授课教师在备课的基础上，面对评委、同行，系统地口头或书面表述自己的教学设计及其理论依据，阐述自己对某一节课的教学设想（教学思路）及其理论依据。通俗地讲就是要说清：教什么，怎么教，为什么这么教。

“说课”以说为主，是教师对教案本身的分析和说明，是一种口头叙述为主的教案分析。说课的内容容量一般为一节课，时间 10～20 分钟左右，然后由听者评说，达到相互交流，共同提高的目的的一种教学研究形式。

第一节｜说课的内容和类型

说课的主要内容有：教材分析，教学目标，重点和难点，教学方法，教学媒体的运用，教学过程，时间安排及说课小结等。整个说课过程要能展现教师备课的思维过程，要能充分体现出教师对大纲、教材、教法、学法、学生等方面的把握。

说课与授课既有相同点，又有不同处。其相同点在于二者都是一节课的教材。不同处在于：第一，目的不同。授课的目的是将课本知识转化为学生知识，进而培养能力，进行思想教育，使学生学会学习；说课的目的则是向听者介绍一节课的教学设想，使听者听懂。第二，内容不同。授课的主要内容在于教哪些知识，怎么教。说课则不仅要讲清上述的主要内容，而且要讲清为什么这样教。第三，对象不同。授课的对象是学生。说课的对象是领导、同行或专家、评委。第四，方法不同。授课是教师与学生的双边活动，在教师的指导下，通过读、讲、议、练等形式完成，说课则是以教师自己的解说为主。

一、说课的内容

（一）说教材

主要说明“教什么”的问题和“为什么要教这些”的道理。即在个人钻研教材的基础上，说清本节课的教学内容的主要特点，它在整个教材中的位置、作用和前后联系，并说出自己是如何根据课程标准和教材内容的要求确定本节课的教学目的、目标、重点、难点和关键的。

（二）说教法

主要是说明“怎样教”和“为什么这样教”的道理。在确定教学目的要求后，恰当地选择教学方法是至关重要的。因此，要解释自己是用的什么方法落实“双基”、渗透德育、培养能力、开发智力的；还要说出自己在教学中是如何发挥主导作用的，在精华要害的知识上进行点拨，在能力生长点上强化训练，以及如何处理教与学、讲与练的关系；同时说该课时如何使用教具、学具或电教手段。

（三）说学法

主要说明学生要“怎样学”的问题和“为什么这样学”的道理。要讲清自己是如何激发学生学习兴趣，调动积极思维，强化学生主动意识的；还要讲出自己是怎样根据年级特点和学生的年龄、心理特征，运用哪些学习规律指导学生进行学习的。

（四）说教学组织

主要说明教学设计的具体思路，课堂教学的结构安排和优化过程，以及教学内容衔接与教学环节转换之间的逻辑关系。

说课可以说准备上的课，也可以说上过的课。如果是说上过的课或上完课以后说课，还应该说教学反思，包括学生、同行和自己对本课的评价。

二、说课的类型

1. 检查性说课。即领导为检查教师的备课情况而让教师说课，此类说课比较灵活，可随时进行。

2. 示范性说课。学校领导、教研人员、骨干教师共同研究，经过充分准备后进行的说课，目的在于树立样板，促进互相学习。

3. 研究性说课。是为突破某一教学难点，解决教学中某一关键问题，探讨解决方法推进教学改革而进行的说课。此类说课往往和上课结合，并将研究结果形成书面材料。

4. 评价性说课。通过说课对教师的教学水平给予评价，常用于开展各类竞赛活动。

第二节 | 说课的基本要求

一、说课应注意事项

1. 要在个人钻研教材的基础上，写成说课稿。说课稿不宜过长，时间应控制在10～20分钟之内为宜。

2. 说课与上课，说课稿与教案有一定的联系，但又有明显的区别，不应混为一谈。教案多是教学具体过程的设计，而说课稿侧重于有针对性的理论指导的阐述；教案只说“怎样教”，而说课稿重点说清“为什么要这样教”。说课稿是教案的深化、扩展与完善。

3. 说课的理论依据要随说课的步骤提出，使教案与教理水乳交融，有机结合；要避免穿靴戴帽式的集中“说理”，造成教案与教理油水分离。

二、说课容易出现的问题

（一）理论与实际相脱离

理论联系实际是说课的基本原则，否则，既不能体现说课的理论性，也不能体现说课的研究性。但在实际说课中，很容易出现理论与实际相脱离，其表现有二：一是理论与实际脱节，不能做到有机结合。二是理论空洞，无具体内容。如：依据教学大纲、学生实际、教材内容，确定的本节课的教学目标分别是一二三。具体的依据是什么，没有说。

（二）教学目标与教学措施相脱离

教学目标是教学的目的，教学过程设计以及教法设计是实现目的的措施。教学目标与教学措施是一个“过河”与解决“船或桥”的关系，二者应是相一致的。在有些说课中，二者却是脱离的，其表现有两种：一是目标与措施不一致，如教学目标中确定要培养学生色彩的感受能力，教学过程中却将主要精力放在教师的讲授能力上，就顾此失彼了；二是目标明确，没有实施措施。如有的老师在教学目标中明确提出“培养学生的造型能力”，然而在教学过程中却没有具体措施，使目标搁置一旁。

（三）各部分内容相脱节

好的说课稿应是一篇好的文章，其结构应严谨，所以应注意各部分内容的衔接和过渡。有位教师在说一节课时共讲了十个问题，每个问题之间互不联系，变成了答题式的。尤其是教学对象的分析，孤立地作为一问题，不能成为其他设计的依据。

（四）说课与上课相混淆

说课与讲课不同，前文已有分析，这里不再重述。有些教师在说课时仍然区分不开，突出地表现在教法设计上，讲得过细，面面俱到，单纯讲知识，理论分析少。另外，说课应是上课的预演或课后的反思，而不是课后小结，所以语言应注意准确性，如“我在教学中采取了什么样的教学方法”和“准备采取的方法”在语意上是不同的，不能混淆。

第三节 | 说课稿的撰写

说课和说课稿目前还没有形成某种固定的模式和格式，由于说课者个人的修养与能力差异，体现出不同的说课风格样式。一般说课稿由四个部分构成的。即课程标准与教材分析、教学方法（参考或使用的主要配套资料、教辅材料、教学设施等）、教学过程和板书设计与其他说明等。

一、课程标准与教材分析

1. 本节教材的课程标准；
2. 本节教材（授课知识）在整个教材体系中的地位和作用，教材的前后联系等；
3. 本节教材的主要知识体系与主要内容；
4. 教材的重难点分析与缘由。

二、教学方法

1. 教学目的要求分析与说明：
2. 知识目标（智力目标）；
3. 能力目标（技能目标）；
4. 德育目标（情感目标）；
5. 教学方法的使用与分析；
6. 教具与学具的准备。

三、教学过程设计

此过程的方法很多，可以将教学过程划分为导入、复习、新授知识、小结、练习、反馈矫正、作业等若干块来加以说明，也可以提炼主要线索进行说课，还可以将教学过程的设计按某种系统来加以说明。但有一点是相同的，就是既要说明教学过程的设计，又要巧妙地说出依据、原因和理由。如按教学体系说课：

1. 导入语与知识过渡语的设计；
2. 课堂教学过程设计；
3. 突破教学重难点的方法设计；
4. 电化教学的软件制作与设计；
5. 练习与教学小结的设计；
6. 板书设计。

上述这些设计也可以增补内容，根据具体的教学内容或教师不同的教学风格来增删教学设计的内容，也可以将其中一项单列出来进行特殊说明，如电化教学的软件制作与设计，说出制作的类型、使用的顺序、设计的创意、在教学中的作用和要注意的事项等。使用已有的软件，要说明软件的出处等。

总之，说课方式多种多样，不是一成不变的。由于自己的风格、个性、语言表达力的差别，说课者只有找到适合自己的方法，才能获得说课成功。说课过程中，万变不离其宗的是，不管哪种方法，都要体现三条线索的连续性和完整性，使人听后感觉到条理清晰、内容精练。三条线索为：

1. 知识发展线：课堂主要知识点的传授过程。
2. 教师引导线：即教师活动过程。

3. 学生内化线：学生掌握知识的过程，即学生活动。

当然，说课也有一个评“说”的问题，即“说课”本身的质量水平。评“说”活动开展得好，能促使教师更深入地钻研教材，学习教育理论，从更高的理论高度去研究说课。评课的内容应与说课相对应，即评教学目标确定、教学内容分析与教学对象分析，评教学方法设计及巩固训练设计等。

评析“说”应注意做到四点：一是导向性，评“说”应抓住重点，突出主要矛盾，从教学和科研方向上去评，给教师指出努力的方向；二是客观性，即从教师、教材、学生的实际出发，准确客观去评价，肯定成绩，找出不足，给教师以激励作用；三是整体性，评“说”既要依据说课内容去分项评析，又要从整体上给说课下结论，写评语，更要指导教师、培训教师，使之尽快地提高专业理论水平和业务能力，所以评“说”应做必要的准备。如条件允许，应写出“评‘说’稿”，然后再发言，要使说者真正从中受益。

思考与练习

1. 说课的内容有哪些？
2. 说课应注意哪些问题？
3. 写一篇说课稿

第十章 | 中小学美术教育研究

美术教育研究是一种采用教育研究的方法对美术教育现象进行解释、预测和控制，导致美术教育一般化原理、原则的发展并解决美术教育工作者实践问题的活动。它由三个基本要素组成：客观事实、相关理论和方法技术。

教育研究从根本上说是一种活动或一个过程。由于美术教育学尚未确立独自的研究体系，到目前为止一般只能借用教育研究的方法来研究美术教育，因此，可以认为美术教育研究是教育研究的一个部分。

美术教育研究与一般教育研究一样，具有很强的目的性和计划性。其宗旨是为了促进美术教育的发展，提高美术教育的水平。但是，由于美术比其他学科更具有个性化、多元性特征和视觉性的特征，因此，在采用教育研究的方法上，决不能忽视美术学科的特点。美术教育研究的突出特点是：既注重揭示普遍性规律，也注重个案的研究；研究方法的多样性与灵活性相结合；研究成果表述的文字化与图像化相结合。

美术教育研究的基础应建立在有活力的美术教育实践和先进的观念与方法上，这是因为，美术教育研究本身是一个中介环节，就是从教育实践中来再到教育实践中去的一个“桥梁”。不仅研究课题应从实践中来，研究结果再回到实践中去，而且研究行为本身也应该是教育实践的一部分。另一方面，美术教育研究具有跨学科性，所以以观念与方法作为研究的基础，可以越过学科的界限，用某一学科所代表的最深刻、最先进的观念、方法来指导美术教育研究。

第一节 | 中小学美术教育研究的意义

一、美术教育研究的功能

教育研究的总体功能在于通过理论知识的扩展与问题的解决来优化美术教育过程。而在此总体功能下可分为两个具体功能，即：一是基础研究的功能和应用研究的功能，解决特定的美术教育问题；二是发展和完善美术教育的原理、规律；从更为广阔与深远的意义与作用去看，美术教育研究也是促进美术教育改革的动力，是培养美术教育改革者和美术教师终身教育的有效途径。

二、美术教育研究的目的

1. 回顾美术教育的历史，探明美术教育的开端与发展过程及其特征与规律，吸取经验和教训，为美术教育的发展方向提供参照。

2. 分析美术教育的现状，归纳其特征，探究内在与外在的原因，及时发现问题，并针对问题提出解决方案，以促进美术教育的发展。

3. 预测社会、教育以及美术（艺术）的未来发展趋势对美术教育的影响，制定出与时代发展相适应的美术改革与发展的规划。

三、中小学美术教育研究的任务

1. 通过美术教育理论的研究，确立中小学美术学科在学校教育中地位和作用，确立美术学科所特有的其他学科不可替代的教育目标，创造性地构建中小学美术学科课程。

2. 通过对美术教科书及教材的分析研究，指明现行的中小学美术教学内容的可行性与局限性，提出改革建议，开发与时代发展相适应的新的美术教学内容。

3. 通过对美术教学实践的研究，对现行的中小学美术教学方法和评价方法作出正确的评估，提出具体的改革方案。

第二节 | 中小学美术教育研究的原则

进行美术教育研究既要遵循教育研究的一般规律，又不能忽视美术学科的特点；既要注意吸取国外美术教育研究的经验，又要充分考虑我国美术教育的传统和现状，还应重视美术学科研究与其他学科研究的关系。概括地说美术教育研究要遵循以下原则。

一、从美术教育的特点出发

与语文、数学等其他学科不同，美术教育更注重于培养每个学生独自的美感与体验。具体地说，首先，不同个性的学生所创作出来的作品是不同的。其次，教学过程与教学结果具有同等重要的意义，在特定情况下，教学过程甚至比教学结果更为重要。因此，对进行美术教学的目标、内容、方法、评价等进行研究时，要充分考虑到美术学科的这种个性化、多元化的特点。

二、定性与定量相结合

美术教育的定性研究，主要目标是确定研究对象的性质，掌握某一现象的变化过程，找出产生变化的原因，从总体上把握研究对象的基本情况。但是，由于研究者的主观性以及美术学科的个性化特征，在一定情况下会影响研究的科学性与可靠性。因而，在定性研究的同时，必须借助于美术教育的定量研究。定量研究是对事物的属性进行数量上的统计分析，具有科学的精确性特点。不过在美术教育的研究过程中会存在一些难以用定量方法描述的问题，因此定量研究也存在一定的局限性。所以，在进行美术教育研究时，应该把定性研究和定量研究有机地结合起来。

三、从国情出发

美术教育研究必须以我国的国情作为研究的起点与基础。由于我国各地区美术教育的发展处于不平衡状态，因此，必须根据各地区的经济、文化和教育发展的状况，来分析各地区、各学校、各个班级乃至个别学生的美术教育的现状、存在问题及其产生的原因。在此基础上，吸取各国美术教育的成功经验以及失败教训，提出切合实际的具体改革方案。

四、相关学科的互相渗透

美术教育史表明，当我们将心理学（特别是20世纪70年代后的认知心理学）、生理学、社会学、创造学、人类学、美学、信息科学、环境科学等学科作为教育研究的理论基础时，会极大地影响美术教育研究的水平，并为美术教育研究开拓出新的研究课题与研究方法。因此，在进行美术教育研究时，应借助这些学科的研究成果，开阔美术教育研究的视野，提高研究的科学水平。

五、创造性原则

美术教育研究要达到扩展知识与解决问题的目的，就不能墨守成规。应该在对原有的美术教育成果扬弃的基础上，提出新观点与新方法。也就是说，美术教育研究与任何科学研究一样，是一项创造性活动。故而在进行美术教育研究时应充分发挥创造性想象与创造性思维。

第三节｜中小学美术教育研究的方法

一、美术教育研究方法的分类

根据教育研究的不同方法，美术教育研究方法可以分为定性研究与定量研究。定性研究比较注重美术教育过程的影响，用文字而不是用数字和量度等来描绘美术教育的现象；定量则是研究强调的是事实、关系和原因，对结果予以极大的关注，用数字和量度来描述研究的结果。虽然它们各具特征，但在研究实施过程中，两者却不是截然分开的，是互为补充的。

如果进一步加以划分，那么在定性研究中，可以分为历史的研究和理论的研究；在定量研究中，可以分为调查的研究和实验的研究。

定性研究与定量研究特征的比较：

<table>
<tr><td rowspan="2">定性研究</td><td>历史的研究</td><td rowspan="2">强调美术教育的现象</td><td rowspan="2">注重过程</td><td rowspan="2">用文字描述现象</td></tr>
<tr><td>理论的研究</td></tr>
<tr><td rowspan="2">定量研究</td><td>调查的研究</td><td rowspan="2">强调美术教育的事实、关系和原因</td><td rowspan="2">注重结果</td><td rowspan="2">用数字和量度描绘研究结果</td></tr>
<tr><td>实验的研究</td></tr>
</table>

二、美术教育研究的基本方法

（一）调查研究（又称描述研究法）

1. 调查研究的含义

调查研究法是指有目的、有计划地对美术教育的原始材料进行问卷调查、访谈、观察等，采用记述、描绘的方法来表达研究结果的一种研究方法。

调查研究又可以分为问卷调查、访谈调查、观察调查等。例如，采用问卷的形式对中学生学习美术的兴趣进行调查；访问不同时期或不同届别学生接受美术教育的情况；了解杜威的儿童中心主义教育思想对我国当代美术教育的影响；观察与记录一所学校美术设施对教育的影响等。

2. 调查研究的步骤

第一步，确定调查对象、调查地点，拟订调查计划。

第二步，编写观察问卷、访谈提纲，编制测试题目，制定调查表。

第三步，实施调查。

第四步，统计调查结果。

第五步，写出调查报告，阐述、分析相关情况，提出意见和建议。

例如，采用调查研究的方法进行《城乡结合地区中小学美术自学能力的培养》的课题研究。首先，根据课题拟订了调查计划，从地区、家庭环境对学校美术教学的影响，学生对学校美术教学的评价以及希望等角度编制题目。接着，选几所城乡结合地区的学校实施问卷调查。然后，统计调查结果，从地区特点与自学能力的角度进行分析解释，得出该地区中小学美术教学的特点、存在问题及其原因。最后，针对问题与原因，从终身学习等教育理论的高度出发，提出改革现行美术教学，提高小学生自学能力的具体方案。

（二）实验研究

1. 实验研究的含义

实验研究是研究者按照研究目的，合理地控制或创设一定的条件来人为地变革美术教育对象，从验证假设，探讨美术教育现象的因果关系的一种研究方法。

实验研究又可分为实验研究与准实验研究。两者的共同之处在于：人为地设定一个变量并确定变量的影响。两者的区分在于：实验研究的被试者往往是被随机分配为实验对象，而准实验研究的被研究的组群是原始的、自然的。以中小学美术教育试验研究的内容为依据，一般可以分为中小学课程内容与结构的改革实验研究、中小学美术教学方法的实验研究、儿童美术能力发展的实验研究等。

2. 实验研究的程序

第一步，进行实验设计。包括：选定研究的课题，形式实验假设；确定实验目的，构建实验的理论框架；选择被试范围及形成被试组；确定实验处理及适当的测量方法；判定需要控制的无关因素、控制方法；确定实验设计类型并形成实验方案等。

第二步，执行实验程序。

第三步，分析资料数据。

第四步，形成结论并撰写实验报告。

第五步，进行重复实验或扩大实验。

3. 实验设计的标准

第一，具有充分的实验控制，无相关变量间的干扰。

第二，设置比较的基础。

第三，数据应没有被污染。

第四，被试者具有代表性。

第五，遵循省力的原则。

4. 实验研究的方法

实验需要控制或创设一定的条件来人为地变革研究对象，给研究带来难度，所以，需要以适当的方法正确地把握美术教育现象的因果关系。

例如：某一位中学美术教师想了解两种美术教材的教学效果。首先他分析了教材，发现一种美术教材注重造型要素及其运用，另一种美术教材则侧重于美术各门类的学习。然后实验两种美术教材的教学效果。在进行实验前，先对学生进行美术能力的测试，以此作为控制变量，不同类型的教材作为自变量，教学效果是因变量。也就是说，建立起了教材的类型和学生的能力水平可能发生交互作用的条件。

这样，一项有关不同的美术教材对学生美术表现能力所产生效果的研究，可以用以下方式进行描述：

事前测试能力水平（A）	美术教材 1	美术教材 2	事后测试
A（一）	高能力被试者（二）20 名	高能力被试者（二）20 名	学生美术作品分析（因变量）
A（二）	中能力被试者（二）20 名	中能力被试者（二）20 名	
A（三）	低能力被试者（二）20 名	低能力被试者（二）20 名	

教学时间：一个学期。

又如，一位教师进行一次有关中小学美术课程结构改革的课题研究。首先，以提高对美术作品的感受能力、体验能力和欣赏能力作为中小学美术教学的重要目标，并以此为前提，形成欣赏课课时的增加可提高学生的感受力、体验能力和欣赏能力的实验假设。然后，对同一个年级的三个不同班级，施行不同的美术欣赏教学计划，对第一个班级实施造型表现课（下简称造型）占 70%，欣赏课（下简称欣赏）占 30%的教学计划；对第二个班级实施造型占 80%，欣赏占 20%的教学计划；对第三个班级实施未经改革的教学计划，即保持原来的造型占 90%，欣赏占 10%的比例不变。这种教学计划为期一年，在这里实验的变量是欣赏课时的增加与造型课时的减少。在实施教学计划前后，分别测试学生欣赏美术作品的能力，以便正确地分析其结果。这一研究可表示如下：

原始教学班	前测	实验变量	后测（因变量）
第（一）班（$RG_{(1)}$）	$0_{(1)}$	实施造型占 70%，欣赏占 30%的教学计划（$X_{(1)}$）	$0_{(2)}$
第（二）班（$RG_{(2)}$）	$0_{(3)}$	实施造型占 80%，欣赏占 20%教学计划（$X_{(2)}$）	$0_{(4)}$
第三班（$RG_{(3)}$）	$0_{(5)}$	实施造型占 90%，欣赏占 10%的教学计划（$X_{(3)}$）	$0_{(6)}$

教学时间：18 周。

实验完成之后，对实验的结果进行分析。首先比较这一方案内三个班级事前测试的分数，假使这一方案内三个班级事前测试的分数相似，那么就比较这一方案内三个班级事后测试的分数，看它们是彼此接近呢，还是有所差异？如果彼此接近，说明三个方案具有一致的效果；如果有所差异，说明方案产生了效果。假使这一方案内三个班级事前测试的分数变化不一，根据前测的分数，将班级分为两种或三种类型（高、中、低)。接着，检查每一类型的后测分数，来确定这一方案内各类型间增减分数是一致，还是不同。

假设出现了以下结果：

$0_1=0_2=0_5$；$0_2\neq 0_4$，0_2、$0_4\neq 0_6$；$0_4>0_2$，$0_2>0_6$

解释：根据前测结果，开始时三个班级的美术能力水平十分相似，而根据后测的结果，三个班级的美术能力却有差距。说明研究方案产生了效果，即两种新方案都比原有方案有效，而且第二种新方案最有效。

（三）历史研究

1. 历史研究的含义

历史研究是以历史研究法来研究美术教育，是通过搜集美术教育现象的发生、发展和演变的历史事实，加以系统客观地分析研究，从而揭示其发展规律的一种研究方法。

历史研究可分为美术教育通史研究、断代史研究、人物研究等。例如：对我国古代美术教育史的研究，对 1979 年到 1999 年的我国美术教育发展过程的研究，对某位美术教育家的研究等。

2. 进行历史研究应遵循的原则

第一，正确处理古与今的关系；

第二，恰当把握史与论的关系。

3. 历史研究的步骤

第一步，确定研究问题；

第二步，搜集和评价原始材料；

第三步，综合信息；

第四步，分析、解释、形成结论。

例如，艾斯纳对18世纪到20世纪40年代美国美术教育的历史进行了研究。他在搜集、分析和评价有关美国美术教育发展历史原始资料的基础上，从彼时的观点出发，对这些信息进行了综合的考察和解释。最后，他得出了这样的结论，即“美术教育的最有价值之处是美术具有给予人类经验和理解的特质”。

（四）理论研究

1. 理论研究的含义

理论研究即哲学的、原理的研究。理论研究是以严密的理论体系方式，再现和解释一定的美术现象及过程，揭示美术教育的本质和客观规律的一种研究方法。理论研究所探求的问题是有关科学的本质的、根本的问题。例如：美术学科存在的基础是什么？为什么中学生必须开设美术课？美术教育在中小学教育中地位等。

美术教育理论研究应多借助其他科学方法作为工具。可以利用发生学方法考察美术教育现象的起源、形成、变化、发展过程，达到考察其规律及其本质的目的，可以运用逻辑思维方法结合具体研究课题，通过分析、综合、类比、归纳和演绎的方法，解决美术教育的理论问题，也可以运用信息方法从新的角度阐述美术教学系统的结构、功能、过程、发展和评价等问题，论述美术教学过程中知识信息的交换规律及学习过程的自由组织规律，还可以将结构功能方法运用于美术教育研究，从结构和功能的相互联系上揭示美术教育现象或过程。

2. 理论研究的步骤

第一步，确定解决美术教育现实问题的选题；

第二步，搜集完备准确的资料；

第三步，确定理论分析的着眼点；

第四步，确定概念范畴，保证理论体系结构的合理；

第五步，进行理论研究，构建理论体系；

第六步，检验已形成的理论体系。

（五）比较研究

1. 比较研究的含义

比较研究是根据一定的标准，把彼此有某些联系的教育现象放在一起进行考察，寻找其异同，以把握研究对象所特有的质的规定性的一种研究方法。比较研究是教育研究中的一个重要方法，既是确定对象间异同的一种逻辑思维方法，也是一种具体的研究方法，因此，在美术教育研究中得到广泛的应用。

比较研究与其他教育研究方法的不同之处在于：

第一，研究的视角不同，比较研究是从比较的角度把握对象特有的规定性。

第二，研究的对象和范围不同，比较研究的对象必须具有可比性，因此研究的对象和范围受到限定。

第三，研究方法不同，以比较分析的方法为主，研究结论从比较分析的推论中得出。

在美术教育研究中，运用比较的方法，可以对美术教育现象在不同时期、不同地点、不同情况下的不同表现进行比较分析，以揭示美术教育的普遍规律和特殊表现，从而得出符合客观实际的结论。

比较研究可分为同类比较研究和异类比较研究、纵向比较研究和横向比较研究、定性比较研究和定量比较研究。例如，各发达地区的中小学美术教学的比较研究属于同类比较研究的范畴，而城市与农村的中小学美术教学的比较研究属于异类比较研究；同一班级或同一位学生在不同时期的美术表现能力与欣赏能力的发展研究，属于纵向比较研究的，而同一年级的不同班级在同一时期的美术表现能力与欣赏能力的比较研究，属于横向比较研究范畴。

2. 比较研究的步骤

第一步，明确比较的目的，选定比较的主题；

第二步，广泛搜集、整理资料；

第三步，对材料进行比较分析；

第四步，作出比较的结论。

应该注意的是，研究方法应根据美术教育研究的具体课题需要而定，也可以综合运用几种方法，不要拘泥于某一种方法，更不能为研究而研究。

第四节 | 中小学美术教育研究的范围与步骤

一、研究范围

（一）以中小学美术教学实践为中心进行研究

以中小学美术教学实践为中心进行研究的对象主要指在中小学美术教育现场所实施的教学目标、教学内容、教学方法、教学评价以及学生与教师、教学环境、教学条件等。从终身教育的角度出发，研究的范围也可以拓宽到课外或校外。

（二）以中小学美术教材的开发为中心进行研究

以中小学美术教材的开发为中心进行研究的对象主要有中小学美术教科书、乡土教材以及其他教材开发。

（三）以中小学美术教学理论为中心进行研究

以中小学美术教学理论为中心进行研究的对象主要指美术学科自身的教学规律及相关问题、美术学科在学校教育中的地位、美术学科与其他学科的联系以及在整体教育中的意义。

二、研究水平

根据研究的不同层次，中小学美术研究可以分为四种研究水平：

（一）直觉观察水平

回答的问题是：“发生了什么?”例如：小学一、二年级学生能认识多少种色彩?男女学生对色彩的感知有什么不同特点等。

（二）探索原因水平

回答的问题是：“为什么会发生这种现象?”“这是由于什么原因引起的?”这是一种探求因果关系的研究。例如：小学生对色彩感知能力的增强的原因等。

（三）迁移推广水平

回答的问题是：“在不同环境条件下将发生同样的现象吗?”例如：新的美术教学法在城市的小学可以推行，在农村小学也可以采用吗？对一般儿童适用，对特殊儿童也同样有效吗？等等。

（四）理论研究水平

回答的问题是“研究中有哪些潜在的基础理论原则?”例如：新的美术教学法之所以有效，是因为它符合造型规律还是符合儿童的色彩感知规律呢？通过对新的色彩教学法与传统教学法的对比分析，找出各自的适用范围与条件，并归纳为基础理论原则。

三、教学研究的步骤

（一）教学研究活动过程可以分为五个步骤

第一步，选择研究课题；第二步，检索文献资料；第三步，制定研究计划；第四步，实施研究计划；第五步，研究分析与成果表达。其中，研究课题的选定、资料的检索和研究计划的制订，可以归纳为研究的设计过程；研究计划的实施与结果的分析，可以归纳为研究的实施过程。

1. 第一步，研究课题的选定

(1) 发现并提出问题

发现并提出问题是美术教育研究的起点。这是因为，所谓研究就是对人们未知的问题作出解答，问题的深入将导致研究的深入。如果在美术教育理论与教学实践方面发现和提出一个有意义、有创见的问题，其本身就是一项认知和实践成果。可以说问题的价值决定着研究价值的大小，决定着研究的成功与否，也可以说研究始于问题。

(2) 研究课题的特点

第一，问题必须有价值；第二，问题必须具体明确；第三，问题要新颖，富有独创性；第四，问题要有可行性。

例如，信息化时代较之于过去，视觉图像的作用越来越大。通过图像来传递信息可以提高信息的阅读量与阅读速度，还可以超越不同语言的界限。那么，怎样充分发挥美术学科的特性来培养学生阅读图像与创造图像的能力呢？这类问题，就符合上述的作为研究课题的四个标准。首先，他既符合社会发展的需要，又符合美术教育科学发展的需要；其次，问题的提出既具体明确，富有创见，又是目前尚未完全解决的问题；再则，现在对这一问题进行研究，在主客观方面都具备了一定的条件，开展研究的时机也已经基本成熟，具有可行性。因此，可以认为，这样的问题是有意义、有创见的，具有研究价值的课题。

(3) 研究课题的陈述

选定了研究问题之后，需要经过反复多次的陈述才能成为有效的研究课题。课题的陈述方法可以采用叙述或描绘的形式，也可以采用问题的形式。例如，“中小学美术课程”这样太宽乏的词语是不能充当课题陈述的，他只是一个概念，不含任何问题。如果缩小范围，并具体指向“美术课程”产生影响的问题，可以陈述为“某小学 4 年级的美术课程对学生的观察能力的影响”这样的课题。或者采用问题的陈述形式：“某小学 4 年级的美术课程对学生的观察能力有何影响?”

以下列举几个由原陈述改进为便于进行研究的再陈述，也包括问题形式的陈述的例子。

原陈述	美术教育与创造能力
再陈述	发散性思维与小学低年级美术课堂教学的研究
问题陈述形式	如何通过课堂美术教学来激发小学低年级学生的发散性思维

原陈述	美术教育的历史
再陈述	1920 年—1930 年期间，杜威的儿童中心主义教育思想对我国 A 城市的中小学美术教育产生影响的研究
问题陈述形式	1920 年—1930 年期间，杜威的儿童中心主义教育思想对我国 A 城市的中小学美术教育有何影响

另外，对一些国内外已有不少研究成果的课题，如果换一个角度来考察的话，就可以得出新意。例如，有关通过美术学科教育提高学生创造能力的研究，已经取得丰硕研究成果了，但是创造能力的培养并不是美术的专利，通过其他学科也同样可以培养学生的创造力。如果能站在一个更高的层次，那就是在排除美术学科与其他学科的共性的基础上，再进一步深入地从美术教育所具有的独特性出发来探求创造能力的培养，或从信息化时代等新的角度出发来展开研究，那么这一课题的研究就可以继续深化，并获得新的成果。

(4) 研究课题的论证

为了避免选题的盲目性，必须对选定课题进行论证，即对选定的问题进行分析、预测和评价。课题论证报告要求表达的简洁、明确和具体。重大课题，必须写开题报告，并经过同行专家的审议。开题报告的内容一般包括：课题名称、本课题研究的目的、意义（实践和理论）、研究的主要内容、本课题国内外研究现状、预定成果、完成本课题的条件（包括人员结构、资料准备和科研手段等）。

2. 第二步，文献检索

文献检索，也可以称之为信息检索。它是美术教育研究活动的一个重要步骤。几乎所有的研究都是在继承前人研究成果的基础上进行创新的，因此，一定程度上说，文献是研究创新的起点和依据，文献检索贯穿研究的全过程。

(1) 文献的种类

美术教育文献与其他文献一样，根据加工程度的不同，可以分为三种等级：一次文献，以作者本人的实践为依据而创作的原始文献，包括专著、论文、调查报告、档案材料等。二次文献，对原始文献进行加工整理，使之系统、条理化的检索性文献，一般包括题录、书目、索引、提要和文献等。二次文献具有报告性、汇编性和简明性，是对一次文献的认识。三次文献，是在利用二次文献的基础上，对某一范围内的一次文献进行广泛、深入的分析研究之后，综合浓缩而形成的参考性文献，包括动态综述、专题评述、进展报告、数据手册、年度百科大全以及专题研究报告等。

(2) 文献检索的基本方法

第一，顺查法。按时间范围，以所检索课题研究的发生时间为检索始点，按事件发生、发展时序、由近及远、由旧到新的顺序查找，查出的结果基本上反映事物发展的全貌。

第二，逆查法。按照由近及远，由新到旧的顺序查找。这种方法多用于新文献的搜集、新课题的研究。

第三，引文查找法（跟踪法）。以已掌握的文献中所列的引文文献、附录的参考文献作为线索，查找有关主题的文献。

第四，综合查找法。将各种方法结合加以使用，以达到检索的目的。一个涉及面比较广的研究项目往往需要采用综合查找的方法。

第五，计算机检索。利用计算机辅助检索系统，检索美术教育专题资料库中的资料。

(3) 归纳和解释信息

在通过文献搜索查出和阅读有关资料后，对其所包含的信息进行总归纳，将该信息以某种形式保存，以便研究时运用。总归纳和解释信息的方法主要由：书目登记，摘要或总结，评判性阅读，综述等。

3. 第三步，研究计划的设计和制定

(1) 形成假设

假设，即“科学研究上对客观事物的假定的说明”。假设的功能主要在于它是理论的先导，能帮助研究者明确研究的内容和方向，以避免研究的盲目性。确定了美术教育研究的课题后，根据事实和资料对一个研究课题设想出一种或几种可能的答案或结论。例如，研究课题为“美术教学方法与儿童创造能力的培养的研究”，在进行实验研究之前就可以设想，采用新的美术教学方法后，儿童的创造能力将会提高两倍以上的结论。如果经过一系列的调查、实验研究后，取得的结论与假设相符，那么就可以为创造性学习理论提供依据。

(2) 选择研究方法和对象

研究方法的选择取决于研究目的。由于研究的每一种方法都有各自的特点及不同的适用条件和范围，所以不能相互替换。但另一方面，要注意它们之间的联系，对规模比较大的研究项目，往往需要几种方法相互结合，配合使用。例如，对 21 世纪中小学美术教育目的论的研究需要采用理论研究的方法，而研究中涉及的 20 世纪美术教育问题的考察、新的教学内容和方法的开发等，就需要分别采用历史研究、调查研究、实验研究的方法。

根据研究课题确定研究方法之后，就要选择研究对象，选取的研究对象必须是具有典型代表意义的。在美术教育研究中，如果研究的是个案，那么这个特定人或人群就是研究对象。不过，大多数课题涉及的对象是广泛的，如研究小学生学习美术的兴趣和特点，或高中生理解美术作品的能力等问题就涉及一个群体。但是，这并不意味着一定要对成千上万的学生进行逐一调查研究，而是可以采用抽取样本的方法进行研究。

抽取样本的基本方法有简单随机取样，也可以采用整体随机取样抽签等方式；系统随机取样，即等距抽样，机械抽样；分层随机取样，也叫类型取样、配额取样。

(3) 确定研究变量

常量是一个研究中所有个体都具有相同的特征或条件。与此相反，变量是一个研究中不同个体体现出的不同的特征或条件。根据变量在研究中所扮演的角色，可分为自变量和因变量，自变量是一个分类变量，它对研究的个体进行分类。因变量是可以测量的变量。自变量可影响因变量。在某种意义上，因变量取决于自变量。

在设计研究计划时，首先选择自变量；然后确定因变量，先列出该研究主要的因变量，接着确定加以测量和检验的反应指标——操作性定义（操作性定义是一种规定，它使被确定的需要定义的变量和条件的操作或特征具体化）。

问题、假设于变量的设定

问题的陈述	在某学校，研究两套美术教科书对小学五年级学生美术欣赏能力的影响
假设	A 教科书与 B 教科书对小学五年级学生美术欣赏能力的影响不同
选择假设	A 教科书对提高小学五年级学生美术欣赏能力，比采用 B 教科书更有效。B 教科书对提高小学五年级学生美术欣赏能力，比采用 A 教科书更有效
操作性定义	对象：该校五年级的全体学生。 方案 A：X 出版社出版的美术教科书。 方案 B：Y 出版社出版的美术教科书。
自变量	欣赏阅读材料：A 与 B
因变量	美术欣赏能力的提高。进行两次测试，一次在使用教科书之前，一次在使用教科书之后，两次的得分差即为增加的分数
中间变量	教师的教学风格，学生的学习风格、学习能力
控制变量	原有的美术欣赏能力、性别。

4. 第四步，形成并实施研究计划

(1) 美术教育专题研究计划格式

美术教育专题研究计划格式，一般可以制成表格填写，也可以用文字叙述研究课题。按顺序它包含以下内容：本课题研究的目的及意义；本课题研究的主要内容；本课题国内外研究现状，预计有哪些突破；完成本课题的条件分析，包括人员结构、资料准备和科研手段等；课题组分工情况；主要研究阶段及研究成果呈现形式；经费预算。

(2) 美术教育实验计划格式

和美术教育专题研究计划格式相似，但包含的内容有所不同：有研究课题；序言(包括研究问题及研究假设，已有研究状况的陈述，有关文献的检索)；研究的具体方法；总体和样本；研究设计；实验过程；数据分析的统计技术；时间安排；预算（包括人力、物力、设备以及各种间接费用)。

(3) 研究计划的实施：(研究计划的实施步骤，参照本章第二节美术教育研究的原则与方法部分。)

5. 第五步，研究结果分析和成果表述

(1) 研究结果分析

① 定性分析

定性分析是分析美术教育研究结果的基本方法之一。它注重美术教育的整体发展，以反映美术教育的质的规定性的资料为描绘对象，研究程序具有一定的弹性，采用归纳的逻辑分析方法。主要适合于过程的探讨、个体的发展和个案的研究，以及就比较研究中的差异描述及有关观念意识等方面材料的分析。

② 定量分析

定量分析是美术教育研究中另一个基本方法。研究者通过统计分类的方法，进行科学的抽样以及因素分析，掌握数据分布形态和特征，解释和鉴别研究的结果，从局部推断总体的情况，以提高研究的科学水平。

(2) 研究成果表述

美术教育研究成果应具有以下特点：完备的理论构建，对实践有指导的作用；论证有力，有鲜明的创新性；对研究结果的解释合理；文字简洁，具有可读性，有的还要附有图例。

研究成果表述主要有以下四种基本类型：

① 报告，侧重于用事实来说明问题；

② 学术论文，侧重于用哲理和逻辑论证来说明问题；

③ 第 1、2 类的综合；

④ 运用幻灯片、录音、录像等形式，通过视觉手段来表述研究成果。这种类型的表述比文字语言所产生的效果更直接、精炼及形象，对美术教育研究成果的表述尤为适合。

当然，不同体例的研究成果，其结构也有所不同。例如美术教育调查报告一般应包括题目、前言、正文、结论和建议、附录 5 个部分；美术教育实验研究报告一般含有题目、前言、方法、结果参考文献和附录 6 个部分；美术教育学术论文一般包括标

题、内容摘要、序言、正文、结论、引文注释与参考文献六个部分

第四节 | 美术教育学术论文的撰写

学术论文的撰写包括选题、收集资料、确定论点、选择论证方法以及执笔行文等五个阶段。

一、选题的原则、方法与技巧

选题，是指研究之前设定的研究对象与目标，解决的是“研究什么”的问题。选题强调的是对象与目标的范围，不一定指具体的论题，也就是说它不等于确定文章的题目。一个明确的选题是收集资料、确立论点的基本前提。需要注意的是，它仅仅是前提，如果选题明确到已经可以确立论题与论点，这便导致了先有论点再找材料佐证的错误做法。区别“选题”与“论点”十分重要，它直接关系到我们最终能否选好题。

选题反映了研究者对这一问题认识与理解的程度。任何研究，都是从发现问题入手的。如，发现某一问题应该研究而没有人去研究，或是某一问题别人没有研究充分或完善，或是前人的结论有不完备或错误之处，或是某些结论与实际不符等等，都是选题的切入口，在这些问题的基础上，可生发出有意义、有价值的选题。选题不分大小，重在有价值。有些选题虽然在学术上影响较大，但如果提不出新见解，只能人云亦云，高谈阔论，选题就没有价值，也可以说不是真正的选题，是伪选题。为此，我们选题要在一定原则的指导下。

（一）选题的基本原则

选题的基本原则就是“适宜、创新与价值”。适宜原则考虑的是对自身研究能力的判断、所涉及领域的了解与熟悉程度。概括地讲，这一原则确定的出发点是：所选的课题凭我们自己实际能力和现有条件可以完成的课题。创新原则，要求我们的选题有新意，或论述角度要新、研究方法新，或发现新问题、提出新观点，或解决新问题。价值原则指所选研究的问题具有理论价值，或者有实际应用价值。

1. 适宜原则：每个人都有自身的知识体系和结构，有自己的学术专长，所以，选题时必须考虑自身条件，尽可能选择于自己专业一致或相近，凭借自己能力可以驾驭的课题，同时可以兼顾自己的兴趣方向。兴趣是科研的动力，有时选题就是出于兴趣，但不能唯兴趣选题，兴趣往往在有了选题以后，在收集资料过程中会逐渐产生。此外，还应考虑一些客观条件，比如，选题虽然在自己专业和兴趣范围内，但资料不充分，或缺少经费，也是难以完成的。所以选题应难易适度。

2. 创新原则：论文的主要价值是创新。就选题而言，创新体现在两个方面：一是提出新观点、新问题。二是对同一问题，从不同角度或用不同的研究方法，得出新的结论。即，一个是对理论或实践中出现的新问题进行研究；一个是对别人的研究方法

或研究成果提出质疑，提出不同结论。简单地说，可以“新题新做”，也可以“老题新做”，关键能突出一个“新”字。比如，过去我们对西方现代派艺术总是用苏联一套理论去认识它、解读它、欣赏它，得到了现代派的“概念”。现在我们用西方哲学与美学理论，从现代派文化渊源来研究现代派艺术，就得出关于现代派的“新概念”，这就是有创新的“老题新做”。

3. 价值原则：论文的价值也因创新而存在，它既可以体现为理论上有所突破，也可体现在解决了实际问题。做到选题有价值，主要是从实际出发，选择那些亟待解决的课题，比如“教材部分内容，学校不具备施教条件，怎样解决?”、“初中生美术学习兴趣不如小学时那样浓厚，如何让他们兴趣重燃”等。或者选别人未曾研究或尚未得出明确结论的问题进行研究，如“电脑绘画对儿童手绘能力的影响”等，也是很有研究价值的。

（二）选题的方法与技巧

选题未必比论文写作容易，选题好，论文就成功了一半。选题要讲究方法。选题方法其实就是选题的切入点问题，下面介绍几个选题方法技巧。

1. 发现别人说得不完备，未能自圆其说的问题。有些理论或观点虽然已被大多数人所认可，对实践有过“指南”作用，但由于受主观条件的限制，特别随着实践的深入、社会的发展，这些理论和观点就会出现过时、不适应的问题。那么，我们便可以在这里“设疑”，在这里选题。

2. 发现某些专业书籍在某些方面语焉不详。现在美术以及美术教育出版物不多，虽然大多都有很好的学术价值，但未必十全十美，存在商榷的地方，只要我们认真阅读，批判性的阅读，这些地方是能够被发现的。如果认为在这里“有话可说”，就可以从这里进行选题。

3. 如果发现理论与实践存在矛盾，又有较充分的事实能够证明这个矛盾的存在，那么，这个“矛盾”就可以设计为选题。

4. 如果发现某个问题存在不同的论述，我们可以尝试参与“讨论”，对已有的论述阐述自己的意见，即研究别人的“意见”，或者说是拿别人的文章做文章。这不失为一种“取巧”的方法。其实，学术论文的开篇通常就是先把别人的观点摆一摆，然后从中引出自己的观点，接下去才展开论述的。所以，运用这种方法的选题是很普遍的。

5. 在自己的教学实践中选题。教学实践是生动而又丰富多彩，我们总会在实践中发现某种新现象、新情况，遇到新问题、新困难。如果新现象、新情况具有“描述”的价值，如果新问题、新困难有解决的必要，那么，我们则可以把它设计为选题。不过，新现象、新情况、新问题虽然容易不期而遇，但给出较准确的描述或者较为成熟的答案并不容易，也就是说，并不是所有的新现象、新情况或新问题、新困难都能作为论文来做。

俗话说“题好，文一半”。这既反映了选题的重要性，同时也折射出选题的难度。方法再好还在于人去运用，能否做好选题工作关键依赖我们自身的知识储备、实践经验的积累以及科研的热情。所以，要善于把日常所思所想记录下来，在环境适当、条件成熟的时候，或许其中就有好的选题。

二、文献资料搜集与处理

选题确定之后，就是搜集文献材料的工作。写论文，要充分占有文献资料（以下简称资料），有一份资料说一分话，科学研究来不得半点虚假和主观臆断。虽然我们选题时已搜集了一定资料，但这些资料还不足以提炼出论文的论点。在撰写之前，还要应尽可能多地查找、搜集与选题相关的各类资料。

（一）资料的搜集

资料的搜索是论文写作过程中劳动量最大、最艰辛的工作，同时也是一项细致的工作，研究者必须认真对待，马虎不得，它直接关系到论文写作的成效与论文价值。

搜集资料没有捷径，但有一些可借鉴的方法、步骤。关于搜集资料的基本方法本章上一节已经谈过。这里就谈谈怎么确定搜集资料方向的问题。

在“浩如烟海”的材料之中，如何查找与自己选题相关的材料呢？确定一个较为明确的方向很必要。做论文一般可按照以下几个方向搜集资料。

1. 检索本选题研究现状。即了解目前人们对本课题研究的状况，包括出版过哪些专著，发表过哪些论文，有哪些成果。便于我们对该课题作进一步的思考，避免研究的重复与盲目。

2. 搜集本选题原始资料。比如研究一位画家，我们首先要看他的作品，读他的诗文甚至题跋，了解他的生平档案、社会活动情况等，不能仅从别人的文章里间接了解，那样只能“人云亦云”，写出来的文章就没有创新。搜集原始资料就是掌握第一手资料，有了第一手资料，才可能产生新见解，新结论。

3. 搜集与本选题相关的理论文献。论文的构成都要有理论作支撑，而要使理论能够支撑起这篇论文，势必要对相关理论有比较透彻的理解。如果这些理论文献都没有读过，“实物”资料再多也串不起来，形不成文章。

（二）资料的整理

有了充足的资料是否一定就能用这些资料完成我们的选题呢？也不一定。我们还须对这些资料进行筛选、分类、甄别。初步明确这些资料将用在论文的哪个地方，把这些资料落实到论证过程中，直接或间接成为论文的有机组成部分。整理资料分两步走。

1. 研读资料。研读是指有思考的认真阅读。研读既贯穿在资料搜集的过程中，更在资料搜集好之后。我们可以先对资料进行浏览，筛选出主次，然后再有重点分析材料与选题的关联度。这样，在分析的同时，思路会进一步清晰起来，大量资料“碎片”就会构成一个“资料链”，为下一步的论文写作奠定坚实的基础。

2. 对资料分类。在对资料充分研究的基础上，依据材料的内容、性质、用途进行分类，每类材料对应一个问题，形成一个论据。再通过对这些论据的梳理、归纳，形成该选题的论点。

（三）材料的运用

在前两项工作的基础上，所搜集的资料与选题之间的关系进一步明晰，哪些将在文章中直接引用，哪些是用来帮助理解和分析问题用的等问题进一步明确，选题的论点逐步确立。

1. 论点的确立与提炼

前面我们说过，选题的确定只是选定了我们要研究的一个范围、方向，抑或是对某一问题大概的想法，并不能表明论文的论点完全确立。论点完全确立是在搜集资料、梳理资料和整理资料的过程中实现的。在这一过程中，我们最初思考的问题是否有价值，是否可以作为论文来做，得到初步论证，就是说课题的研究结果有了基本预期。那么，现在要做的就是确定论文的题目，把原先的选题加以提炼，并用文字准确地表述出来。接下来，对文章谋篇布局，拟定写作提纲，或者说确定“二级标题”和“三级标题”。一般地讲，“二级标题”构成文章的基本结构，就是文章分哪几部分来写，“三级标题”是分论点，每个分论点下又要找若干个论据来支撑。

论点（也就是论文题目）确立可借鉴以下几个途径：

(1) 占有大量材料之后，通过分类与整理，形成对事物新的本质性或接近本质的认识，这种认识往往可确立为论点。

(2) 我们在搜集材料过程中，初始的一些感性印象，因某些材料触发了新思考，受到新启发，感性印象升华为了理性观点。这个观点往往可以确立为论点。

(3) 以“惑”为题。在接触材料过程中，经常出现一些自相矛盾的问题，会对先前的选题产生疑惑，对已有的观点产生疑惑。这种“将信将疑”不等于就要否定这个选题，如果手头的资料能证明“将信”的部分还是可信的，或者“将疑”完全不可信。则可以用疑问的命题作为一个论文的题目。

三、论证方法的选择与运用

从逻辑学上讲，论证是用一个或几个真实命题来确定另一个命题真实性的逻辑形式。为此，要使学术论文的论证有一个严密的逻辑结构，首先必须掌握学术论证的逻辑方法。落实到论文写作中，就是要通过具有逻辑性质的论证语言，深入分析和揭示论点与论据之间的必然联系。论证是论点的理论依据和事实依据，必须清晰、合理、有力，它可以是立论、驳论或者反论，也可以是两种方法并用，但不论什么方法都必须逻辑严密。

（一）学术论证的基本规则

论证的逻辑性决定了论证过程必须严格遵循一定的逻辑规律，如果我们把文章的基本结构比作建筑的框架，那么，逻辑则是框架里面的钢筋，建筑框架少了这些钢筋或钢筋质量不好，就会倒塌，文章没有逻辑就会散架。

1. 标题意思的表达要清晰、准确。标题就是文章的中心论点，如果标题表达不准确，要论证什么都不清楚，接下来的论述就会陷入含糊甚至混乱。这种现象在初次写论文的学生中比较普遍。有的学生思路还没有理清，什么资料都没查，就草草地确定论文的题目，这是不可取的。

2. 论据要真实。论据是论点得以成立的依据，如果论据是虚假的，就很难从论据中推导出真实可靠的结论来。另外，论据即使不虚假，但只有唯一例证，也不能足以证明观点的正确性，因为唯一例证有偶然性，由此得出的结论缺少普遍性，不足为信。

3. 避免“循环论证”。论据为论点服务，论据的真实导致出论点的可信。如果论据的真实反过来又用论点来论证，就犯上了“循环论证”的错误。平常简单的“循环论证”容易识别，写论文过程中，这个错误却容易被忽视，引起特别注意。

4. 论据与论点的对应性。论据要服务论点，必须和论点产生对应。这也是看似道理简单但容易犯的毛病。若不注意，有时会出现论据与论点牵强附会，甚至风马牛不相及。

除此之外，论文写作还应当始终遵守“同一律”、“矛盾律”、“排中律”和“充足理由律”等逻辑要求。

（二）论证方法的选择及运用

上面已经说了，论证方法有立论、驳论、反论之分。立论是以充足的论据从正面论证自己的观点；驳论则以论据驳倒不正确的观点，继而阐述自己的正确观点。反论就是从论题的相反命题展开论证，得出与论题相反的结论，从而从反面证明论题成立。然而，不论是立论、驳论还是反论，都要把话讲清楚，让人看得明白。因此，任何论证又都是围绕推理而展开的，论证方法的选择最终还是归纳为推理方法的选择。

1. 直接推理。直接推理，顾名思义，就是用论据正面推导出结论，是从论据的真实性直接推出论点的真实。

2. 间接推理。又称“反证法”，即指从与原论点相矛盾的论题中论证出其不正确性，从而推理出原论点的正确。

3. 归纳推理。是指由众多个别论据归纳推论出正确的结论的论证方法。归纳的例证要充分，不能用虚假例证，也不能用孤证，否则，推理出的结论可信度就不高。

4. 演绎推理。是指运用一些普通的原理、规律，证明某一命题的正确性的论证方法。通常情况下，演绎推理须与归纳推理结合运用，这样论证的结论更可靠。

5. 类比推理。指将两种相同或相近的不同现象或事理加以比较、类推，从已知的一种现象或事理的正确，证明另一种现象或事理正确的论证方法。相同或相近是类比事物获得成立的前提，这一点应特别引起注意。

此外还有其他推理论证的方法，诸如例证法、因果法、喻证法、引申法等，因为不常用，这里不一一介绍了。

四、学术论文表述

（一）论文的基本结构

任何文章都要有个基本的“成文”结构，或者简单地说，叫行文顺序，一般有

“开头、中间、结尾”三个部分。学术论文则由“引论、本论、结论”三个部分构成。引论，是对论题的内涵与外延作出的限定与域界，同时阐明研究的目的与意义，有时还将研究现状加以介绍，以显示出论题的价值。本论，是论文的主体部分，依据需要论证的范围，分为若干分论点逐一论证。结论是归纳本论的观点，得出本文研究的结论，形成研究结果。这其中的本论是最为重要最为复杂的部分，同时也是最需要注意逻辑严密的地方。“引论、本论、结论”加上文章标题、摘要、关键词、引文标注、注述及参考文献就构成完整学术论文，或学术文文本规范。

（二）论文写作基本步骤

选题、材料收集、学术论点的确立等工作做完之后，就开始进入正式写作阶段了。这一阶段既是从选题开始以来研究的一种续接，更是深化认识获得完整清晰结论的再研究。写作绝不是对所得材料的综合叙述，也不是将材料与观点的简单对接，是一个严谨的逻辑思考过程，是一个将思考诉诸文字的过程。这个过程一般需要这样几个步骤：拟定写作框架，编写写作提纲，正式落笔写作，修改完善。俗话说文章是“三分写七分改”，初稿写完以后，要反复对文章使用的论据、结构进行修改，对语言的逻辑、语法、字词及标点符号进行斟酌、润色，对引文注释进行核对，直到文章结构清晰、逻辑严密、语言流畅、论证有力。最后提炼关键词、论文摘要，注明参考文献，定稿。如果准备投稿、交流，还要将文章标题、摘要、关键词翻译成英文。如果是毕业论文，要另外加上后记，对论文写作过程作简要介绍。

提纲编写就是在中心论点的要求下，构建若干个分论点，分论点下再构建若干个支撑点，每个支撑点下要有若干个论据，或称支撑材料。提纲要能反映论文的结构，具有严密的逻辑关系。提纲编写又有详、略之分，详细的论文提纲其实只要用文字串一串就能成文了。有的研究者写论文的方法，就是按照提纲，先一个一个分论点的写，然后统起来再进行修改，最后成型的。对于初学者，应尽可能将提纲编写得详尽一点，这样写起来就会顺畅得多。简略的提纲就是将标题、中心论点和分论点、层次段落、各分论点的论证材料做一个简略的设计，把二级、三级标题初步确定下来，论据材料标注清楚。

（三）引文注述的基本规范

学术论文中的引文与注述都有规范性要求，必须遵守。

1. 引文要求。引文一般有两种形式：一种直接引用，一种是间接引用。直接引用又称作节录，是指在行文过程要引用的对象进行直接挪移，它可能是个别词、一句话，也可以是一段话，甚或一篇文章，其标志是用引号以作区别。有时在编排上，把成段文字用不同的字号，并在左边空上两格作为标识，可不加引号。间接引用又称转述，是指在论文撰写过程中，用自己语言对引用文字进行加工转化，或作以复述，并非字、句完全一致的引用，一般不加引号，但转述的文字一般不可断章取义，虽然表述不同，但意思要一致。需要注意引用内容在文章中的比例，不能造成抄袭嫌疑。

2. 注述要求。引文无论哪种形式都要明确标注出处。出处标志一般有三种形式。即夹注、脚注与尾注。夹注，即把注述的内容用括号加注在引用的文字后面，也称为

“段中注”或“文中注”。这种形式一般在相对比较简单、通俗引文中使用。脚注是指在文章每页的下端作的注述，所以又称“页下注”。这种注述法便于阅读，在专著中比较常见。尾注，是指将注述放在一篇文章结束的后面，是单篇论文常用的注述方法。一般脚注是按页排序，尾注是通篇排序。

注述的内容包括著作者、材料名、文献类型标识、出版地、出版者、出版日期及页码等，但有时还须对引用的材料作些说明，这也可视作注述的内容。另外，还有一各注述称之为“参考文献”、“参考书目”，是指对自己行文成书过程中产生影响的文献。一般置于全文的最末尾处，即在尾注之后，参考文献要注明著作者、材料名、文献类型标识、出版地、出版者、出版日期等。

思考与练习

1. 美术教育研究有何意义？
2. 美术教育研究的方法有哪些？怎样选择研究方法？
3. 结合实际，选定一个课题，拟订一份研究计划。
4. 写一篇论文。

附　录｜中小学美术教学案例

《画脸》教学实录[①]

学习领域

造型·表现；综合·探索

课时

一课时或两课时

教材分析

画脸艺术是表现人物性格的外化形式，从古到今在世界各个民族中都出现过。本课的教学是让学生在广泛的文化情境中初步理解中国京剧脸谱和画脸艺术的发展史，了解不同时代、不同地区民族、不同场合的画脸艺术的特征。课本出示的各种图例，有彩纸贴画，有水粉作画，有的画在各种器皿上，有的直接画于脸部，留给学生的发挥空间很大。我们就把画脸看作是一种儿童游戏的方式，在教学设计中满足儿童的心理需要，发挥儿童的潜能，将自己喜欢的图案和色彩绘画于人的脸部，或者画出自己所喜欢的人物形象，这种独特的艺术形式能充分地展示儿童的个性，使儿童在心理上得到了较大的满足。

教学目标

认知领域：了解画脸的基本形式及不同地区的画脸特色。了解美术与戏剧、美术与生活、美术与社会的联系。

情意领域：在美术文化情境中培养学生学会用美术语言来表达自己的情感，充分体验画脸的乐趣，享受成功的喜悦。

操作领域：认识美术的多元性，运用多种材料进行画脸。

重点与难点

重点：掌握画脸艺术的多种方法和技巧。

---

① 实录，就是根据教师课堂上课实际情况记录的。它与教学设计没有本质区别。

难点：灵活巧妙地运用画脸艺术，并在画脸艺术形式上进行大胆的想象与创新。

课前准备

教师准备：课件、影碟、小组长标志、评价标准、探讨依据、纸张和多种绘画材料。

学生准备：自己喜欢用的绘画制作材料。

教学过程

（一）导入，揭示课题

教师利用课件向学生介绍一位神气的新朋友，这位新朋友有特别的本领，他会变，会变成什么呢？（课件展示）

学生们充满好奇，开始小声地交流。教师切换画面，课件中的小朋友变成了“小老虎”。

学生开始自由地发表看法，会产生“他是用什么材料怎么画上去的?”等疑问

教师揭示课题：今天，我们就一起来学习画脸（板书课题）。

[设计意图] 激发学生好奇心，明确教学目标，导入新课，让学生在情境教学中得到审美教育。

（二）欣赏

1. 教师向学生介绍几千年前的原始部落的画脸艺术。课件展示原始部落风貌的画脸作品，并提示学生要特别留意这些人脸上的色彩与图案。（板书：色彩　图案）

学生纷纷讨论。

[设计意图] 让学生感受原始画脸艺术作品的独特美，培养学生感受美和发现美的能力。

教师提示学生在欣赏的时候注意观察这些“原始”画脸作品所用的色彩有什么特点，所画的图案有哪些特征，并鼓励学生大胆地发表自己的看法。

学生讨论发言。教师总结：原始部落的画脸艺术就是这样，图案虽然简单，但是色彩非常鲜艳，给人简洁夸张的美感。

[设计意图] 提高学生的欣赏品味和表达感受的能力，并且能够用丰富的语言表达欣赏对象的特色，体验美术学科的综合性，达到审美目的。

教师组织学生猜想原始部落的人最初为什么要在脸上画这些奇奇怪怪的图案?

学生大胆地讨论回答。教师总结：原始人画脸最初是为了生活的需要，躲避野兽的袭击，让自己看上去很威严，防晒，美化自己，表达自己的心情。正是因为这些原则，画脸渐渐成为原始部落的重要习俗。

[设计意图] 让学生在广泛的文化情境中认识美术来源于生活，美术与生活的关系密切，让学生欣赏接受画脸艺术，并从画脸艺术中激发创造力和想象力。

2. 教师向学生介绍戏剧舞台上的画脸艺术——中国的京剧脸谱。让学生走进丰富多彩的脸谱世界，感受它独特的美感。(课件展示)

教师提示学生，在欣赏的同时，可以讨论比较京剧脸谱同原始部落画脸的异同。

学生讨论。教师总结：京剧脸谱的色彩和图案以及线条更丰富了（板书：线条)。

[设计意图] 培养学生发现美的能力，从形与色的角度来分析比较并感受两种不同风格的美。

教师向学生介绍三位有名的历史人物：关公、张飞、曹操。(课件展示)

学生欣赏讨论。教师总结：京剧艺术家们非常聪明，他们用不同的色彩来给不同性格类型的人画脸，但是戏剧人物那么多，光用几种主要色彩来区别还是远远不够的。教师请出两位同样是红脸的人，让学生讨论他们的区别。(课件展示)

学生讨论交流。教师小结：用不同的色彩和图案表现人物的不同性格和经历，这就是中国脸谱最奇妙的地方。

[设计意图] 让学生在独特的文化情境中了解脸谱的丰富内涵，从各个角度来感受脸谱的独特美感，体验不曾注意到的美，让学生实实在在地感受到脸谱艺术的魅力，促进学生人文素养的形成与发展。

3. 原始部落的画脸艺术和京剧脸谱各有特色，现代人也把画脸艺术应用到生活中了，师生一起欣赏现代人的画脸艺术作品。(课件展示)

教师提示学生仔细观察，注意小朋友们把自己画成什么形象？那些疯狂的球迷脸上的图案是怎样的？

学生边看边讨论，教师遇到学生把看到的大胆地说出来。

[设计意图] 让学生感受到画脸是一件轻松随意的事情，可以自由表达自己的心声，也可以应用到现代生活中。

（三）引导探究

1. 教师提出问题：以上欣赏的画脸艺术作品都是直接画在脸上的，其实画脸还可以用其他方式来表现，你觉得画脸作品还可画在哪里？还可以怎样表现出来？

学生讨论交流。

[设计意图] 让学生根据已有知识和经验发现并研究自己喜欢的表现形式，感受美术材料的丰富性和表现方法的多样性，注重美术学科的综合性。

2. 教师展示一些小朋友做的作品。(课件展示)

[设计意图] 开阔学生的眼界，吸取灵感。

3. 教师根据课前对学生的调查了解，精心选择几种适合本班学生表现的方法，如：油彩、水粉、水彩笔、油画棒、彩泥、剪贴等，让学生自由选择自己喜欢的表现方法并组合成一个学习小组（学生分组，并迅速地选好小组长)。老师为各组小组长带上标志头饰。

[设计意图] 老师把“主人”的地位归还给学生，给他们自由选择的机会，唤醒他们的自主意识。

教师指导小组长组织安排好本组同学的任务，合理分配好工具材料，团结合作，各尽其能，充分发挥自己的特长。

［设计意图］明确分组的目的，培养学生的合作意识和团队精神。

各组学生讨论自己准备画什么？怎么画？有没有自己独特的创意？单独作画还是两个人相互画？或者是集体创作。（板书：画什么？怎么画？创意）

学生制订方案：画戏剧人物，画动物，画自己的性格，自由涂抹。可以独创，用油彩画在脸上的同学可以两人合作相互画，做剪贴画的同学可以多人合作。

［设计意图］以学生为主体，给学生构思想象创新的空间，同时教师给出一定的讨论依据，这样学生才会有目的地进行讨论，而不再是流于形式。

（四）创作实践

教师到每组学生中间看一遍，提示学生根据自己平时已掌握的绘画技能，了解他们觉得在绘画制作过程的困惑和困难，指导和帮助他们把表现效果做得更好。

［设计意图］让学生在“做中学”，教师随时诊断学生的学习情况，进行个别指导，让学生真正享受知识探索上的自主性带来的快乐。

（五）作品展示，评价

1. 请完成作品的学生将自己的作品布置在黑板上，然后回到座位上帮本组小朋友完成作品。

2. 组织学生讨论评价自创的作品。

4. 教师做简短总结性评价，重视对学生学习能力、学习态度等方面的评价。

［设计意图］让学生学会自评、互评，开展师生互动，成为“可持续发展”的学习者。

（六）拓展

教师播放影碟，让学生欣赏京剧《霸王别姬》中的一个片断，更直观地了解演员画脸后在舞台上的精彩表演。

［设计意图］《霸王别姬》是著名京剧表演艺术家梅兰芳先生的作品。他是江苏泰州人，是泰州人的骄傲，以此激发学生的自豪感。

教师总结并延伸出画脸艺术在生活中更多的应用，让学生课后思考：画脸艺术还可以运用到生活中的哪些方面？

［设计意图］将画脸艺术应用到生活中，将课堂学习延伸到课外。

（作者：叶恋花，江苏省姜堰市实验小学一级教师。略有变动）

《美术博览与拍卖》实录

问题

1. 怎样在活动过程中让学生通过角色的演绎，亲自体验学习过程？
2. 课堂上的活动就一定能使学生获得成功体验吗？
3. 如何开展活动，提高学生学习的积极性与参与性？

背景

活动性是新课程的重点理念，正如马克思所说："人类的特征恰恰就是自动自觉活动。"在新课程所提倡的活动是外显活动与内隐活动的统一，是操作活动与思维活动的统一，它旨在引导学生通过动口、动手、动脑，亲自体验过程。在实施新教材的过程中，有不少教师在课堂上让学生为了活动而活动，为了体现多元化教学在一节课中安排了舞蹈、游戏等各式各样的活动，结果课堂活动很丰富，但学生还没来得及体验，下个活动又开始了，课堂节奏过快。这种"活动"是外在多于内在，动手与动脑相脱节，目的性不强，有活动却没有体验，活动的价值也就丧失殆尽，没有考虑活动的目的性。为了让学生在课堂活动中有效地体验学习，提高课堂教学效果，在新教材（广东版）第 15 册第 2 课《美术博览与拍卖》这一课上，结合教学内容设计了"另类"的拍卖会。"另类"的意思是不同于正式的拍卖会那样通过竞价最后一锤定音的拍卖方式，而是学生把自己的作品拿来让其他同学进行"估价"：对艺术品进行评估与定价。在"估价"中要进行角色的演绎，即请同学扮演"拍卖师"和"买家"，将拿来拍卖的艺术品进行描述与自我评价，让同学能够分享经历。具体体现在以下模拟拍卖会的活动片断。

过程

片断一："估价"

师：在旅游时，琳琅满目的艺术品往往吸引了同学们的目光。价格也有高有低，一不小心就会掉进价格陷阱。因此我们来尝试用"真、名、精、稀"来对艺术品进行估价，看谁的估价最接近。先请第一小组把神秘的艺术品的来历给我们描述一番，掌声有请！

（教室立即响起了欢快、热烈的掌声）

小组 A：我们组带来了一座玉雕马，是去杭州旅游时在一家精品店买的，觉得玉雕晶莹通透、美轮美奂，是一件非常美的装饰品。

(然后学生把价格秘密写在纸上)

师：为了进行判断与估价，现在同学们可以从材料、造型、手工等方面委派本小组代表对玉雕进行观察、分析、评价，然后再跟自己的组员协商，最后把估的价格写在牌上。

(学生仔细观察、揣摸、讨论，然后把估价写在牌上)

师：从现场来看，价格从 50 元到 500 元不等，为什么会相差那么大呢？现在请估价最高与最低的两组来谈你们的看法。

小组 B：我们觉得玉马在造型上栩栩如生，光泽晶亮，拿起来觉得很沉，应该是一块大玉石雕刻出来的，因此估价 500 元。

小组 C：我们之所以估价那么低，因为我们发现一个小秘密，就是用指甲去刮它时，居然刮出了粉末，听说玉质很硬，因此我们判断它是假玉，所以估价低。

师：看不出同学们也挺“内行”呢！现在公布价格谜底：100 元。

反思与研究：在课前让学生准备一些日常生活中购买的艺术品，再让其他同学谈谈自己的感受与体会，供其他同学参考与分析，然后再对这件艺术品进行“估价”，估价无论是高还是低，都使学生体验了拍卖会上买家的心理，了解拍卖会的运作：先估价后竞价的过程。另外再找估价最高和最低的两个小组分析估价的理由，从而培养学生的分析、判断能力与表述能力。无论这些理由是否充分，教师都应适当鼓励，使学生更加自信。而最后出示艺术品的购买价后，估价最接近的小组群情激动，体验了成功的喜悦，这样充分利用生活中的资源，让学生模拟拍卖会，使学生在活动中感悟、体验，提高学习的积极性。

片断二：“演绎角色”

提示每小组的学生把自己平时创作或制作的一件艺术品拿来模拟拍卖。

师：在正规的拍卖会上有两种角色：一种是拍卖师，一种是买家。拍卖师就要仪表大方，口齿清晰，声音响亮，反应敏捷，指挥得当，能够控制和调节现场的气氛和节奏，买家应该非常精明，判断力强，有一定的鉴赏能力，现在同学们愿意扮演这两种角色吗？请同学们轮流变换演绎角色，先请第一小组当“拍卖师”，介绍自己创作的作品，给大家分享。

小组 A：这是我们组编制的壁挂，它可作为房间的装饰品。别看图案简单，颜色单纯，可是用毛线一针针编织上去的，共花了一个月的时间，它凝聚了我们的心血、精力。(接着还简单演示了编织的方法。)

师：在座的同学都是“买家”，用你们雪亮的眼睛进行定价，然后把价钱写在牌子上。(学生展开热烈的讨论，课堂气氛活跃，定的价格都很高，都觉得作品比较大，造型夸张，很独特，色彩单纯鲜明，做工很精细。如果用剩的毛线来编织，可以成为环保壁挂了……)

接着学生轮流用自己创作的作品进行拍卖，兴奋地演绎角色，课堂气氛非常活泼，在游戏活动中体验学习的快乐。

反思与研究：开展游戏活动，没有一定的目的性，就不能使学生获得相应的体验，就不能使学生获得相应的体验。在模拟拍卖会上，让学生“演绎”不同的角色——“拍卖会”与“买家”，以不同的身份进行活动。目的就是让学生了解如何才能成为优秀的“拍卖师”和精明成功的“买家”。中学生思维活跃，对新鲜事物充满好奇，因此在整个活动中，他们能全神投入，用浑身解数去演绎自己的角色，如有些“拍卖师”在介绍艺术品时，声情并茂，很有感染力。作为“买家”，他们用观察、触摸、提问各种方法去鉴赏他人的艺术品，在轻松愉快的学习氛围下，学生积极参与，通过角色的演绎，提高学习兴趣，锻炼了学生的胆量，提高学生的口头表述能力与艺术鉴赏水平。

（作者：方玉珊，女，广东省广州市番禺区钟村中学一级教师。杨萍，女，广东省广州市番禺区钟村中学一级教师。郭东旗，男，广东省广州市番禺区教育局体卫艺科小学高级教师。）

《手的联想》教学与点评

课题

《手的联想》

教材

辽宁美术出版社　小学美术课本　第三册

教学时间

40 分钟

学生分析

低年级阶段（1—2 年级）的学生对美术基础知识的掌握比较少，动手和运用工具的能力较低。但孩子们对美术本身的认识和对艺术创作的思维是自由的。因此，本课在教学活动中，使学生尝试不同工具，用身边容易找到的媒材，通过看看、印印、做做等方法大胆、自由地把所见所闻、所感所想的事物表现出来，体验造型活动的乐趣。在美术游戏中体验各种工具和不同材料的使用效果，认识常用的颜色。在美术表现活动中，大胆地采用各种造型方式，并借助语言表达自己的想法。

教材分析

本课作为一节“造型・表现”课程，目的是激发学生以手为基本形，运用身边的材料，从平面到立体，展开丰富的联想，进行有趣的创造，从而培养学生的发散性思维和创新能力。

本课通过游戏与活动的方式，使学生在自由愉快的氛围中，通过对不同形状手印的印制、探索、想象，发现出各种不同的形象。并通过教师的引导使学生能从丰富的平面形象中转化、提高到对立体组合造型的理解与认识上，使每个学生动手动脑的能力都得以有效地提高。进而培养学生的审美感知能力，提高审美素养。

教学目标

1. 显性内容与目标

(1) 拓展学生的思维空间，培养学生发散性思维。

(2) 体验新的工具材料，学习手印画、立体插接等手工制作的基本方法。

2. 隐性内容与目标

(1) 培养学生互助协作的团队精神。

(2) 培养学生热爱艺术、热爱生活的情感，提高学生的审美情趣和审美素养。

教学重点

培养学生发散性思维，拓展思维空间。培养学生的想象力、创造力、审美感受能力，提高审美素养。

教学难点：立体组合造型与联想

九、教学准备

1. 教师准备：电脑课件，各色水粉颜料，黑纸板，水盆。

2. 学生准备；KT 板，剪刀，裁纸刀，手电筒，彩色笔（手套、手帕等辅助工具材料)。

教学过程

（一）教学活动方式与方法

1. 课前组织教学，引入新课。

(1) 课前游戏（调动情绪，接近师生距离)。

(2) 导语："我们的手是奇妙的，而手的变化也是非常丰富的。今天我们就一起开动脑筋，展开《手的联想》" 引起课题。

2. 讲授讲课

(1) 手印的联想。

① 感受材料，大胆尝试拓印。

师：前面有许多漂亮的颜色。大家过来摸一摸，用手蘸一蘸，体会一下有什么感觉。我们一起在纸板上印一印，(师生共同操作) 看看能印出什么效果?

指导：我们可以用手的不同部位印出不同形状的印痕。教师鼓励学生大胆尝试，身体力行。

② 拓展思维，展开印痕联想。

引导学生从整体到局部地观察与联想，之后得出结论："手印画"是一种有趣的、新奇的造型表现形式。

(2) 学习手形立体造型的方法，展开丰富联想。

① 游戏"大手印"。

a. 教师交代游戏要点：

(a) 借助手印游戏，丰富手形变化。

(b) 借助工具，探究手印放大方法。

b. 结合课件，教师交代"大手印"游戏规则。

c. 学生进行操作，教师座间巡视指导。

② 探究立体组合造型方法。

a. 欣赏城市雕塑资料，引出下一阶段教学目标。

b. 小组研究立体造型方法，进行小组合作、自主探究的尝试。

c. 小组反馈探究结果，交流互动。

d. 教师点拨并演示，明确立体插接造型方法。

e. 集体创作，完成立体造型。

3. 提升审美感受，欣赏评述

(1) 通过课件演示，整体感受城市雕塑的艺术价值、人文价值。

创设情境，用多媒体营造城市广场氛围，使学生有身临其境之感，让学生用心灵去体会艺术的美、生活的美，了解艺术与生活的联系。

(2) 以师生互动的形式，从不同的角度进行评价。

此时此刻你有什么感受?(采访小同学、市民、设计师等)。

(3) 为作品命名。

4. 小结

手可以为我们创造艺术，艺术给我们的生活带来了美感。让我们从小就要勤于动手、勤于动脑，长大了才能把我们的生活装扮得更加美好!

(二) 解决重点、难点的要点。

重点：培养学生观察、想象能力，了解组合造型的方法。运用观察、分析手的形象的方法为学生提供学习资料，给学生创设想象创作空间。

难点：引导学生探究学习、发散思维，用手的基本形创作出丰富的艺术形象。

(三) 学习中可能出现的问题及解决方法。

学生不能大胆地进行创作，想象不出新形象，通过其他同学的发言与创造，和同学之间的讨论与交流，给学生以启发，鼓励学生勇敢地进行创作。

(四) 教学评价

1. 关注学生是否进入学习状态，积极主动学习。
2. 了解学生是否能够进行简单的组合造型。
3. 尊重学生的个性表现。
4. 关注和帮助学习、创作困难的学生进行大胆表现。

课后作业

让学生尝试新的立体造型的材料与方法，或在网络中查找相关资料，找机会交流。

(本课获“第四届全国中小学美术课评比”一等奖。作者：姜海波，辽宁省沈阳市沈河区顺通小学教师)

点评：略谈学习方式变革带来的活动（辽宁省美术教研员　张鹏）

1. 树立学生立体理念，坚持“授之以渔”

本课在教学实践中注重鼓励学生对知识的自我解读、自我理解，尊重学生的个人感受和独特见解。让学生尝试不同工具，用身边容易找到的媒材，通过看看、印印、做做等方式大量、自由地把所见所闻、所感所想的事物表现出来，体验造型活动的乐趣。

2. 启发学生的创新思维，实施开放教学

在实施开放教学时应注重在“三性”上做文章，努力优化课堂教学。一是媒材的丰富性。本课除了让学生接触美术课上常用的媒材之外，还将能激活学生创新灵感的辅助材料应用在教学之中，让学生领悟美术材料的广泛性，赋予其唯美的生命。二是形式的多样性。美海波老师让学生展开丰富的想象，在色彩组合中，引人遐想出美妙和画面。学生打开手电一齐照在自己组合的雕塑上，营造出一种奇幻的境界。三是设计的新颖性和制作方法的灵活性。创造力是最有价值的能力。使学生的想象和发散性思维从二维空间过渡到三维空间，拓展了学生思维领域，提高了审美素养。

3. 培养学生的团队意识，提倡合作精神

新的教育理念使我们认识到教学的本质之一是交往。《手的联想》这一课为我们提供了优秀的范例。本课实现了“教”与“学”之间的良性互动。合作学习使课堂教学不仅成为一个认识系统，也成为一个准社会系统，学生在这里体验到了平等、民主、友情，也体验到在集体中探求知识、积极参与的乐趣。从孩子们兴高采烈的神态中我们读出了他们对集体的热爱，与同学交往的乐趣。最后，师生在共同营造的夜晚城市广场的氛围中一起畅快地用心灵去体会艺术的美、生活的美！

《神奇的瓦楞纸》教学设计

教材分析

废旧的苹果箱、啤酒箱等在现代生活中比比皆是，孩子们经常接触它，但他们平时不会刻意地去观察它，甚至根本没有想到利用里面的瓦楞纸制作一些有趣的东西。本节课，我让学生收集一些废旧纸箱中粗细不同的瓦楞纸，通过观察，了解瓦楞纸制作成装饰作品，这也是本节课的教学重点。教学难点是在制作过程中，注意纹路对比、背景对比。通过本节课的教学可以激发学生学习美术的兴趣，培养学生良好的学习习惯，培养学生之间团结协作的精神，使学生懂得变废为宝的道理。启发感受并表现周围生活的美好事物，从中体验生活和美术学习的乐趣。

学生分析

本课是小学一年级的美术课。学生非常喜欢上美术课，表演欲望强，在此之前已接触过彩色纸的剪贴，并能用工具进行简单的剪、贴；具有一定的观察力和想象力；已体验到合作学习的乐趣，愿意与小组同学进行合作。但是瓦楞纸与彩色纸比较毕竟有很大的区别，怎样利用瓦楞纸的特殊性进行大胆想象创造，对一年级学生来说有一定难度，需要教师在教学中巧妙地引导。

设计理念

以活泼多样的教学方式，激发学生的学习兴趣，启发和引导每一位学生积极丰富地参与到学习活动中，提高学生自主学习的意识，培养学生创新精神、获取新知的能力，以及交流与合作的能力。

教学目标

知识目标：让学生初步了解瓦楞纸的纹理特征及其与普通纸的区别。

能力目标：收集精细不同的瓦楞纸盒，用剪、刻、撕、卷等方法将瓦楞纸制作成装饰作品，培养学生的创新能力。

情感目标：使学生懂得变废为宝的道理，培养学生之间团结协作的精神，体验设计制作活动的乐趣。

教学重点

指导学生用剪、刻、撕、卷等多种方法将瓦楞纸制作成装饰作品。

教学难点

在制作过程中，注意纹理对比，背景对比。

教具准备

课件，具象和抽象的瓦楞纸作品，立体的与平面的瓦楞纸作品，纹理粗细不同的瓦楞纸作品，纹理精细不同的瓦楞纸，各种硬纸、美工刀、剪刀、棉花、双面胶，各种各样的线、草、泡沫，一次性杯子等废旧物品。

学具准备

瓦楞纸、美工刀、剪刀、双面胶以及各种各样的废旧物品。

课前准备

自带一块硬纸板。剪刀、双面胶放在每组的抽屉里。每组桌子的旁边放一个纸箱，纸箱里放颜色不一的瓦楞纸。每组桌子上放一个小纸盒，小纸盒里放油画棒和粉笔。废旧物品放在中间。

课前交流

和学生谈心，进行交流。

（小朋友，老师昨天让你们收集一些废旧纸箱，你们带来了吗？你们能像老师这样把它撕开吗？教师边讲边撕，撕不掉的可用剪刀帮忙。剪刀用的时候要注意安全。）

让学生练习撕瓦楞纸。

（设计意图：让学生在轻松的气氛中撕瓦楞纸，从而激起学生的好奇心。）

教学过程

（一）导入阶段

1. 让同学们用手去摸一摸刚才撕下的瓦楞纸，感觉它和平时的纸有什么不同？它的外形像什么？

2. 老师和学生交流如何在生活中收集瓦楞纸（如各种包装箱里的瓦楞纸），并要求学生回答平时是怎么来处理这些纸箱的。

(设计意图：通过触摸让学生了解瓦楞纸的特殊性及其与普通纸的不同之处。)

（二）尝试阶段

教师随手撕瓦楞纸，从抽象到具象，并且提问：你们看像什么？有趣吗？你们要不要试试？随便撕，跟老师撕得不一样，我从 10 数到 1，看谁撕得快，撕得有趣。(设计意图：通过营造轻松愉快、和谐民主的环境及心理氛围，调动与激发学生参与活动的热情。)

1. 学生尝试撕瓦楞纸，老师数数。

2. 教师和学生一起对作品进行简单的评析。(鼓励并表扬学生，如：胆子真大，小手真灵巧。)

3. 教师鼓励并引导：同学们，现在你手里拿着的瓦楞纸，经过自己的巧手加工，都变成了一件好看的东西，现在你们肯定不会把它扔掉。只要我们动动手，哪怕是废旧的瓦楞纸，我们也会发现它的美丽。

(设计意图：通过尝试撕瓦楞纸，使学生感受自己撕出的形象，让学生自己去研究和发现美，并且懂得变废为宝的道理。)

（三）欣赏阶段

教师过渡语：同学们，你们想不想让它变得更加漂亮一些？我们先来看看别的小朋友的作品，看看你最喜欢哪一幅？他做的是什么？是用什么方法做的？

1. 撕

讲解两种撕法。(学生和教师各示范一种)

2. 剪、贴

讲解剪的两种方法。(学生示范，教师告诉学生注意到的姿势，并且要注意安全。)

讲解贴的几种方法。(师生共同示范。)

3. 卷

学生上台演示卷的方法。(先开条再卷，两种卷法）你卷的这个可以做什么用？

4. 刻、画、戳

教师示范刻。讲解用刻刀的姿势以及安全注意点。教师徒手画几笔（粉笔)。学生示范戳。

(设计意图：通过观察美术兴趣小组学生的作品，让学生直观地了解并掌握撕、剪、贴、卷、刻、画、戳这些有趣的制作方法，在欣赏的同时进行教师演示和学生示范，并且启发学生想象，拓展学生的发散性思维。)

5. 纹路粗细对比、颜色对比（多媒体展示）

让学生欣赏，并说出它做的是什么？用什么方法做的？（几种方法综合做成）并请学生比较分析这幅画上瓦楞纸的颜色是否一样；图中花瓶的纹路与桌面的纹路哪一个粗哪一个细；为什么不全做成竖的或全部做成横的？

6. 背景对比（多媒体展示）

背景图和单独图进行比较，这两幅图有什么不同？你觉得哪一幅美，为什么？我们在制作的时候也可以巧妙地运用瓦楞纸的反面。

7. 立体图（多媒体展示）

这幅图做的是什么？你会做这个桥吗？（生示范）这是一幅有趣的立体画，四边都能欣赏。

8. 抽象图（多媒体展示）

教师设问：前面讲的几幅作品，同学们都可以看出是桥、鸟……这两幅你们看得出表现的是什么吗？如果看不懂，你觉得它漂亮吗？喜欢这种画的小朋友也可以动手试一试，说不定有意外的效果呢！

除了这些方法，还有没有其他的新的方法呢？鼓励同学们在自己制作的时候可以发明创造。

（设计意图：多媒体课件通过优美的画面使瓦楞纸纹路粗细的对比、背景对比看得更清楚，更能直观地显示出立体图和抽象图的画面效果，不但引发了学生的兴趣，而且解决了本课的难点。）

（四）实践阶段

1. 教师过渡语：刚才我们欣赏了这么多的作品，你们想不想也来做一个？

你可以找最好的朋友一起做，也可以单独做。在做之前你们讨论一下：要做什么？用什么方法做？除了刚才的几种方法外，你能不能自己创造一种方法？

2. 教师交代学生制作的时候要注意安全。

3. 学生制作，教师巡回辅导。

（设计意图：通过讨论给学生创造一个自主学习的空间，引导学生自己探索，发挥学生的想象力和创造力。）

（五）延伸阶段

1. 教师选一幅有代表性的作品（瓦楞纸和其他材料综合做成的作品）进行简单的评析。让作者上台介绍自己的作品运用了什么方法，以及什么材料。其他同学评一评他对这些材料的运用是否恰当。

2. 教师继续鼓励引导学生：喜欢这种方法的同学可以学习这种方法把自己的作品化化妆；不喜欢的同学就不要打扮自己的作品了，全是瓦楞纸做的也很漂亮。

（教师让同学们到纸箱中寻找适合自己作品的废旧材料进行操作。）

（设计意图：通过其他废旧材料来打扮自己的瓦楞纸作品，使瓦楞纸作品变得更加美丽，从而拓展学生的思维。）

（六）评析阶段

1. （举起作品）让做好的学生上台自评（你制作的什么？用了什么方法?），其他同学做小老师，看看这幅作品什么地方做得最好？给他提些建议。

2. 让同学们多看看别人的作品，找一找别人做的方法，跟自己的方法有什么不一样，分析别人的作品好在什么地方，并给别人提些好的建议。

3. 教师作扼要的点评。

（设计意图：给学生创造展示自己的机会，培养学生的自信心，使学生学会评价。）

（七）总结

教师小结：同学们，老师觉得你们真是了不起，把一块块普普通通的瓦楞纸变成了一件件美丽的艺术作品，你们都有一双灵巧的手。希望回家后你们仔细观察，多动手、多动脑，用瓦楞纸和一些废旧材料做一件美丽的艺术品来装饰你的房间。

（作者：崔芳，江苏省常州市武进区三河口小学高级教师。略有变动）

参考文献

[1] 尹少淳编著．美术教育学新编．北京：高等教育出版社，2009

[2] 钟志贤著．大学教学模式革新：教学设计视域．北京：教育科学出版社，2008

[3] 常锐伦，唐斌著．美术学科教育学．北京：人民美术出版社，2007

[4] 郭友主编．新课程下的教师教学技能与培训．首北京：都师范大学出版社，2007

[5] 周光明著．大学课堂教学方法研究．重庆：西南师大出版社，2007

[6] 高等师范《中小学美术教学简论》教材编写组编．中小学美术教学简论．南宁：广西美术出版社，2006

[7] 孙乃树，程明太编著．新编美术教学论．上海：华东师范大学出版社，2006

[8] 顾平著．美术教育学导论．南京：江苏美术出版社，2006

[9] 钱初熹著．美术教学理论与方法．北京：高等教育出版社，2005

[10] 杨建滨主编．初中美术新课程教学论．北京：高等教育出版社，2003

[11] 教育部基础教育司．走进新课程．北京：北京师范大学出版社，2002

[12] 徐英俊著．教育设计．北京：教育科学出版社，2001 年 9 月版。

[13] 王大根著．美术教学论．上海：华东师范大学出版社，2000

[14] 刘德华主编．中外教育简史．广州：广东高等教育出版社，1999

[15] 创新教育——面向 21 世纪我国教育改革与发展的抉择．北京：教育科学出版社，1999

[16] 蒋良著．美术的教学选择．长沙：湖南美术出版社，1998

[17] 谢雰主编．中学美术教材教法．北京：高等教育出版社，1998

[18] [美] 鲁道夫·阿恩海姆著．视觉思维．滕守尧译．成都：四川人民出版社，1998

[19] 查有梁著．教育模式．北京：教育科学出版社，1997

[20] [美] 鲁道夫·阿恩海姆著．对美术教学的意见．郭小平，翟灿，熊蕾译．长沙：湖南美术出版社，1993

[21] [美] 罗恩菲尔德著．创造与心智的成长．王德育译．长沙：湖南美术出版社，1993

[22] [英] 赫伯·里德著．通过艺术的教育．吕廷和译．长沙：湖南美术出版社，1993

[23] 蒋荪生著．中等学校美术教学法．南京：江苏教育出版社，1987

[24] [美] 鲁道夫·阿恩海姆著．艺术与视知觉．滕守尧译．北京：中国社会科学出版社，1984

[25] 陈震东著．教育教学研究方法．北京：人民教育出版社，1980

后　记

《中小学美术教学论》是高等师范学校美术教育专业的必修课程之一，是学生学习美术教育基本理论和方法的重要课程。它是对基础美术教育实践的理论总结，更是对基础美术经验实践的理论提升，对学生正确认识美术教育的本质，把握美术教育的方向，肩负起从事中小学美术教育工作的使命和开展美术教育研究具有指导作用。

本书在查阅众多资料，参考了大量文献，进行一定调查、实践的基础上编写的。整体上是参照教育学的要求、教材的要求，以及学术论著的结构设计的。不仅可供在校大学生学习，也可供在职中小学教师作为教学参考。

本书由余洋设计基本框架结构。绪论、第二章、第三章、第四章、第五章、第六章、第十章由余洋、周小平、李勇编写，第一章、第七章、第八章、第九章由马晴、王泉编写。最后由余洋统稿。

本书在编写过程中得到了孙志宜教授的悉心指导，不仅对本书的构架给予了指导意见，而且认真耐心地阅读了全书，提出了许多有益的意见。中国科学技术大学的汪杰老师、六安市教育科学研究所的方忻吾老师也给予很多帮助。本书出版得到了合肥工业大学出版社的积极支持。在此一并表示感谢。

由于编写水平有限，错谬之处在所难免，恳请专家学者、广大教师和学生提出宝贵意见。

余　洋

图书在版编目（CIP）数据

中小学美术教学论/余洋，马晴主编．—2 版．—合肥：合肥工业大学出版社，2016.1（2021.8 重印）

ISBN 978－7－5650－2622－5

Ⅰ.①中… Ⅱ.①余…②马… Ⅲ.①美术课—教学研究—中小学 Ⅳ.①G633.955.2

中国版本图书馆 CIP 数据核字（2016）第 004288 号

中小学美术教学论

主　　编：余 洋 马 晴
责任编辑：王 磊
技术编辑：程玉平
装帧设计：李辉周
出　　版：合肥工业大学出版社
地　　址：合肥市屯溪路 193 号
邮　　编：230009
发　　行：全国新华书店
电　　话：发行部：0551－62903188
网　　址：www.hfutpress.com.cn
版　　次：2011 年 8 月第 1 版
　　　　　2016 年 1 月第 2 版
印　　次：2021 年 8 月第 4 次印刷
开　　本：787 毫米×1092 毫米 1/16
印　　张：12　　字　　数：274 千字
印　　刷：安徽昶颉包装印务有限责任公司
标准书号：ISBN 978－7－5650－2622－5
定　　价：32.00 元